Gernot Firsching

RUDER HART MITTSCHIFFS!

Gernot Firsching

RUDER HART MITTSCHIFFS!

Wer ausweicht, verliert

Koehlers Verlagsgesellschaft mbH · Hamburg

Die Deutsche Bibliothek – CIP-Einheitsaufnahme

Firsching, Gernot:
Ruder hart mittschiffs! / Gernot Firsching
Hamburg: Koehler, 1996
ISBN 3-7822-0653-3

ISBN 3 7822 0653 3; Warengruppe 59
© 1996 by Koehlers Verlagsgesellschaft mbH, Hamburg
Alle Rechte, insbesondere das der Übersetzung, vorbehalten.
Umschlag-, Innentitelgestaltung und Illustrationen im Innenteil:
Joanna Hegemann, Hamburg
Layout und Produktion: Hans-Peter Herfs-George
Gesamtherstellung: brühl druck, Gießen
Printed in Germany

Inhalt

Vorwort

Das dritte Buch dieser Reihe sei allen denjenigen gewidmet, deren auf mich abgefeuerte Signalraketen und geworfene Winschkurbeln und Bootshaken bisher miserabel gezielt waren. Und es sei der Ihnen aus meinen vorherigen Büchern bereits hinreichend bekannten „Besten Steuerfrau von Allen" gewidmet, die ständig damit beschäftigt ist, die Schmauchspuren der Signalraketen vom Rumpf unseres segelnden Untersatzes (von Segelyacht zu sprechen, würde eine Beleidigung für die bootsbauende Zunft bedeuten) zu beseitigen und die Winschkurbeln und Bootshaken zu entsorgen. Und vielleicht gelingt es mir diesmal, immer noch latente (um nicht zu sagen: kochende) Differenzen bei denen auszuräumen, die sich in der Vergangenheit unbedingt mit den in meinen Büchern geschilderten seglerischen Schicksalen identifizieren mußten.

Auch der Inhalt dieses Buches ist wieder voll und ganz erfunden. (Wer lacht da?) Von Ähnlichkeiten mit lebenden und bereits verblichenen Personen will ich nichts wissen. Was einen gewissen Weltentdecker aus dem fünfzehnten Jahrhundert betrifft, mögen mir Historiker bereits vorab verzeihen. Sollten Sie einmal ein Boot in einen Hafen einlaufen sehen, dessen Skipper an Land springt und versucht, die Nationale in den Beton am Kai zu rammen, und dem eilends herbeieilenden Hafenmeister Glasperlen anbietet, versuchen Sie um Himmels willen zu verhindern, daß man Krankenwagen oder noch Schlimmeres ruft. Ich hatte vermutlich nur wieder eine alptraummäßige Überfahrt.

Von Eisbergen
und anderer Selbstbefriedigung

Jedesmal, wenn mich irgendwelche Leute kennenlernen und nach meinem Beruf fragen, ernte ich gewöhnlich erst einmal Erstaunen. Dieser psychische Zustand wechselt nach ein paar Augenblicken in grenzenloses Erstaunen und schließlich in ungläubiges Gelächter. „Ach, komm! Mach Witze! Nein, sag schon ehrlich. Was machst du wirklich?" Und Sie können mir glauben, daß ich, wenn ich nicht gerade vor meinem PC sitze und schreibe, mich gewöhnlich in Wassernähe aufhalte und dabei gewöhnlich Leute kennenlerne, die entweder segeln, surfen oder sonst etwas Merkwürdiges auf dem Wasser treiben. Gerade deshalb. Nun bin ich überhaupt nicht eitel. (Wer lacht da?) Deshalb wedele ich auch nicht andauernd mit Werbeprospekten meiner Verlage vor den Augen anderer Leute herum oder lasse – freilich ganz unbeabsichtigt – meine neuesten Buchergüsse zum Thema Segeln an jeder freien Stelle im Salon, Vorschiff, auf dem Kartentisch oder in der Motorbilge in Stapeln herumliegen. Es soll ja Autoren geben, die tapezieren ihre Wohnzimmer mit Werbeplakaten ihrer Neuerscheinungen. Wahrscheinlich sind die auch wesentlich bekannter als ich. Aber ich wollte nicht abschweifen.
Landratten, vornehmlich Tennisspieler, Golfer oder sonstige glückliche Menschen, also Leute, die schon hobbybedingt um eine feuchte Wiese einen weiten Bogen machen, nicken höflich, um anschließend mit mir die neuesten Börsengerüchte diskutieren zu wollen. Dabei wissen alle Eingeweihten, daß meine letzte Neuanschaffung ein solches Loch in meine Finanz- und Nervendecke gerissen hat, daß ich die Sachbearbeiter im Finanzamt noch so gerade eben davon abhalten konnte, für mich eine Spendenaktion ins Leben zu rufen. Ich weiß also überhaupt nicht, warum alle Welt mit mir über Aktienkurse diskutieren will. Anscheinend glauben alle Landratten, wer solch eine Schüssel segelt, hat's geschafft und braucht sowieso nicht mehr zu arbeiten. Denn Geld verdient man ja bekanntlich

sowieso nicht mit arbeiten. Alles Unfug! Die Welt besteht nicht nur aus Börsenspekulanten oder Erbschleichern, und gerade wer solch eine Schüssel segelt, muß arbeiten, daß ihm schwarz vor Augen wird. Boote jenseits der 30-Fuß-Grenze sind wie unerwünschter Nachwuchs. Aus anfänglichem Spaß wird meist spätestens dann bitterer Ernst, wenn jener beginnt, laufen zu lernen und die Hand aufzuhalten. Oder, wenn die Einbaumaschine beginnt, ein exorzistisches Eigenleben zu führen, über das der Motorenhersteller nur den Kopf schüttelt und der werftansässige Monteur fröhlich grinst. Aber lassen wir das. Seit einem Jahr bin ich laut Umfrage unter Motorenherstellern sowieso Staatsfeind Nr. 1! Und was heißt hier überhaupt Schüssel? Für bestimmte Großprotze der segelnden Zunft ist ein Einunddreißigfüßler allemal ein Badebötchen. Ich solle mich nicht so anstellen. Was ich überhaupt dächte, was ich segelte. Okay, okay.

Kommen wir also zu den Wassersportlern unter den oben erwähnten Erstaunten. Speziell zu den Seglern. Also zu den Spezies, denen Navigation, Seemannschaft und Bootshandhabung anscheinend schon mit der Muttermilch mitgegeben wurde. Also denen, die das Segeln praktisch erfunden haben. Wie schon beiläufig erwähnt: Bei der Frage nach meinem Beruf zeichnet sich grenzenloses Erstaunen ab. Wie, mit so was kann man Geld verdienen? Ja, wo gibt's denn so was? Das probiere ich nächste Woche auch. Ich hab' da schon lange so ein paar Ideen ... Also, was du kannst, das kann ich ... Hätte ja nie gedacht, daß hier jeder Hinz und Kunz Segelbücher ... Blah, blah, blah.

He, he, mal langsam! Von wegen Hinz und Kunz! Aber so ist das halt. Wenn jemand eine wissenschaftliche Abhandlung über die nichtmachbare Eingliederung teilbarer Binomzahlen in die Trigonometrie verfaßt, wird jeder Laie ob des Problems weise nickend Beifall spenden. Aber wehe, jemand schreibt über ein Hobby. Über das Hobby, das man selbst ausübt. Von dem man sowieso mehr versteht als dieser blasse Schreiberling. Weil man nämlich jedes Wochenende zwanzig Fuß mehr Schiffslänge vom Turboeinbaudiesel durchs Wasser schieben läßt. Weil man schon mal Dritter bei der Blumen-

topfregatta geworden ist. Weil man schließlich jedes Jahr mit
zehn ausgebildeten Berufsnautikern auf der wildfremden Ostsee
chartert. Und überhaupt. Was bildet sich der Kerl überhaupt
ein?

Tja, es wird für uns Autoren sowieso immer schwieriger, über etwas Interessantes zu schreiben, das mit Wassersport zu tun hat. Es
gibt ja kaum noch einen weißen Fleck auf der Landkarte oder auf
dem Boot. Allenfalls bieten sich noch so interessante Themen an
wie „Schiffsfriedhöfe aus der Luft" oder „Die schönsten Kocher-
brände an Bord". Aber wen interessiert das schon? Keinen. Also.
Den siebenunddreißigsten Holland-Revierführer für einen über-
sättigten Markt zu publizieren erscheint mir genauso langweilig,
als zum achtundneunzigsten Male in einem Buch darauf hinzuweisen, wie man eine Pumptoilette repariert. Brauch' ich nicht, kenne ich alles, probiere ich nächste Woche selber. Diese Sprüche höre ich immer wieder. Bin selber Erfinder der Nordsee, posaunt einer
meiner Freunde. Die Bootselektrik komplettieren mach' ich im
Schlaf, tönt ein Stegnachbar. Aber interessant, daß sich alle an meinen Heckkorb hängen, wenn es mal zehn Seemeilen weiter vom
Hafen weggehen soll. Und ich weiß nicht, in wie viele fremde
Verteilerschränke ich schon wegen latenter Ratlosigkeit der Eigen-
tümer meine Nase stecken mußte. Aber Bücher? Brauch' ich nicht!
Was weißt du schon mehr, als ich weiß?

Letztens traf ich auf einer Bootsausstellung einen Kumpel aus alten Tagen. Der hatte vor Jahren in einer Seilbahnhalle bei mir in
der Nähe ein riesiges Stahlboot gebaut, sich dabei Rückenschmerz
und eine Sondervorstellung beim Scheidungsanwalt eingehandelt,
woraufhin er den Scheidungsgrund verkaufen mußte, um letztere
überhaupt finanzieren zu können. Seit neuem ist mein Kumpel im
Chartergeschäft tätig. Also nicht gerade ein heuriger Hase, sondern einer, der das Segelgeschäft kennt. Als der hörte, daß ich schon
mehrere Bücher geschrieben habe, fragte der mich gleich, wie ich
das denn bloß angestellt hätte. Er habe sich mit Manuskripten für
Zeitungsartikel schon soundso oft an verschiedene Redaktionen
gewandt, aber immer nur Absagen erhalten. Ich sagte ihm, das sei

kein Wunder. Im Fachartikelgeschäft geht's zu wie in Alaska zwei Wochen nach dem ersten Goldrausch. Die Claims sind längst abgesteckt. Da hast du keine Chance als Seiteneinsteiger. Da kannst du eine noch so gute Story schreiben. Die nimmt dir keiner ab. Denn der Redakteur, der diese Sparte bearbeitet, ist genau zu diesem Thema schon bis zum Sanktnimmerleinstag mit Artikeln vollgeschüttet. Behauptet er jedenfalls. Richtig ist, daß er eine Reihe Spezies auf der verlagsinternen Honorarliste hat, die ihn dann auch immer wieder gerne zu einem (völlig unentgeltlichen) Segeltörn mitnehmen oder zu einem Freiflug zur nächsten Regatta wer weiß wohin einladen. Und, fragte ich meinen Kumpel, kannst du da mithalten? Nein? Noch Fragen? Aber einen Tip gab ich ihm trotzdem. Wenn du mal ein Buch schreiben willst, sagte ich ihm, dann schreib' einen Revierführer. Aber nicht über so lächerliche simple Fahrtreviere wie Thailand, die Malediven oder das Ijsselmeer. Nein, du mußt dir schon was einfallen lassen. Versuch's doch mal mit „Von Saigon bis zur Straße von Malakka" oder „Hafenhandbuch Weiß- und Schwarzrußland". Der Erfolg dürfte genauso groß sein wie bei einem Buch über „Tidenfreie Häfen zwischen Calais und Brest".

Lesen ist ja sowieso langweilig! Wie man navigiert, Hafenmanöver fährt oder seine Segelsocken stopft bekommt man heute schon auf Video oder neuerdings im Multimediaverfahren sogar schon auf Computer-CD mundgerecht serviert. Tja, aber wer hat schon einen Soundsoviel-Bit-Rechner an Bord, der gleichzeitig die Tidenströmung, den Kurs zum nächsten Wegpunkt, das Wetterfax und das Logbuch aufblättert. Die Multimediagesellschaft mag zwar daheim bei den Landratten schon mit beschränkter Haftung funktionieren, an Bord mit Sicherheit nicht. Man stelle sich vor: Alle Informationen aus der elektronischen Seekarte, aus dem Wetterfunkempfänger, dem Navigationsrechner, dem elektronischen Kompaß, dem Log, Lot und der Kreditkartenabrechnung und was sonst noch alles an Bord herumgeistert komplett verkabelt und vernetzt und auf dem 9-Zoll-Bildschirm eines Notebook anzeigbar. Nun nutzt mir aber die elektronische Seekarte allein wenig. Ich brauche darüber hinaus aber auch noch die Informationen aus den Gezeitentafeln und den Stromatlanten. Dann will ich natürlich auch noch den Monddurchgang durch Greenwich für mindestens drei Monate sehen. Kein Problem. Wird alles in Fenstertechnik dargestellt, meint ein Anbieter. Nur, so starke Vergrößerungslupen für diese briefmarkengroßen Kästchen gibt's gar nicht.

Und noch was. Ein Revierführer in Buchform ist keine Festplatte, neigt also kaum zum Abstürzen, es sei denn, man schmeißt ihn wegen nachgewiesener Unwissenheit des Autors in hohem Bogen aus dem Kajütfenster, und eine Seekarte aus Papier funktioniert stromlos, und das sogar nach tagelangem Dauergebrauch. Es sei denn, der Navigator hat sich wegen eigener Unfähigkeit, die Gezeiten richtig zu bestimmen, bei der Berg-und-Talfahrt gegen die Tide am Kartentisch zum siebzehnten Male hintereinander seinen Mageninhalt angesehen. Aber solch ein Mißgeschick würde ein Computer noch viel mehr übelnehmen. Dessen Tastatur und Innenleben läßt sich nicht so ohne weiteres abwaschen und zum Trocknen in die Backröhre schieben. Gut, den Kritikern meiner antiquierten Lebenseinstellung pflichte ich bei, daß der liebe Nachwuchs aus den bunten Sportbootkarten unheimlich hübsche Kaffetassenuntersetzer für Mamis Geburtstag schnippeln kann. Vornehmlich dann, wenn es an Bord so langweilig ist wie bei der Ansteuerung des Solent bei Nebel, während sich Mami und Papi oben an Deck die Augen aus dem Kopf starren. Aber, Hand aufs Herz. Was meinen Sie, wie herzerfrischend es ist, bei der Ansteuerung von Hoek van Holland auf dem verflixten Computerbildschirm nur noch Mario Brothers herumhüpfen zu sehen, die überraschenderweise auf der fast vollen Festplatte noch Platz gefunden zu haben scheinen, während die elektronischen Seekarten samt Gezeitenatlas aus unerfindlichen Gründen in das elektronische Bits-and-Bytes-Nirwana entschwunden sind.

Segeln ist und bleibt ein Abenteuer. Was gibt es Schöneres, als sich darüber in aller epischen Breite lang und breit auszulassen? Quatsch! Für mich ist Segeln reine Zeitverschwendung. Führt zu nix (wegen des miesen Navigators unter Deck) und bringt nix (außer Rheuma

und Fußpilz). Zudem ist das ganze Drumherum auch noch sündhaft teuer. Die ganze Herumschipperei, vornehmlich in den exo-
tischsten Gewässern, tun wir doch nur, um anschließend am Tresen
in der Hafenkneipe groß herumzutönen. Vor Cherbourg ist einem
bei sechs Knoten Strom von hinten gegen sechs Stärken Wind von
vorn noch so richtig die Muffe (1:1000) gegangen. Daheim ist dann
plötzlich alles anders. Aufregend. Dramatisch zwar, aber heroisch.
Nun ist es der Kampf eines Mannes gegen die See. Der unbeug-
same Wille zu überleben siegte über die gezähmte Naturgewalt.
Kein Wort fällt über die Jeans, deren Hosenboden sich unter der
Ölzeuglatzhose so was von braun gefärbt hatte, daß man sie kurz
vor Einlaufen in den Hafen in einem unbemerkten Augenblick auf
fünfzig Fuß Wassertiefe versenken mußte. Wie deklamiert schon
der Doppelagent „Es muß nicht immer Kaviar sein": „Huch, wenn
ich das in meinem Klub erzähle ..."

Bestimmte Wassersportverbände tragen zu diesem Abenteuerwahn
auch nicht ganz unschuldig bei. Da gibt es goldene, silberne, bron-
zene und sonstige blecherne Abzeichen für den weitesten Seetörn,
Binnentörn oder sonstigen Baggerseetörn. Hauptsache, es ging unterwegs schaurig schön zur Sache. Da muß es in den Qualifikations-
berichten für die Preisverleihung nur so krachen vor lauter Nachttörns, Stürmen und Nebeletappen. Diese Preisverleihungen kommen
mir manchmal so vor wie eine Oscar-Verleihungsorgie in Holly-
wood. Unter einem Etat von mindestens 50 Mio. Dollar kommt
ein Film ohnehin nicht in die engere Wahl. Dann ist er Schund und
bietet keine Referenz für eine Belobigung von Regisseur oder Akteur.
Getreu dem geflügelten Wort: Was nix kost', ist auch nix! So ähnlich scheint es bei der Nominierung für Anwärter dieser Segelpreise
auch zuzugehen. Wenn im vergangenen Jahr einer quer durch
Rußland gedieselt ist, so muß es dieses Jahr mindestens Nowosibirsk,
Wladiwostok oder die Bäreninseln sein. Apropos Bäreninseln. Vor
Jahren fuhr da mal ein Sportsfreund mit einer Varianta hin. Was
passierte? Riesenaufstand in der Presse. Viel zu gefährlich! Der hat
mehr Glück als Verstand gehabt! So ein Leichtsinn! Der hat noch

nicht mal einen Segelschein! Eine Segeloscarnominierung hat der nie bekommen. Geschweige denn einen Preis.

Ja, wir treiben uns gegenseitig in einen Leistungswahn hinein, daß es nicht feierlich ist. Am meisten profitiert davon natürlich der Fachhandel. Wie, Sie haben keinen Satellitenradom? Wie bekommen Sie denn die neuesten Börsennachrichten? Was, Sie segeln zu zweit und haben nur eine 6-Personen-Rettungsinsel? Und keine IN-MARSAT-Rettungsboje am Heckkorb? Und kein Differential-GPS? Sind Sie lebensmüde? Nein, denn ich segle im Juli entlang der niederländischen Nordseeküste. Und ich möchte in den Seehäfen nicht dauernd gefragt werden, wie denn die Überfahrt von Newport, Rhode Island, USA, nach good old Europe gewesen sei.

Was lernen wir daraus? Gar nichts! Sind Sie schon einmal barfuß um den Südpol gesegelt und konnten dabei auf Kohorten zahlungs- und arbeitswilliger Segelmasochisten zurückgreifen? Oder haben Sie nichts anderes zu tun, als permanent um die Welt zu segeln und die Leserschaft anschließend mit Büchern wie etwa „Navigation zum Abgewöhnen" zu langweilen? Schade, denn sonst wären Sie bei mir genau an der richtigen Adresse.

Stehen Sie auf Barfußsegeln durch die Nordwestpassage, Krokodiljagd mit einsachtzig Tiefgang auf dem Mississippi oder Nonstoptörns für Ihren Sponsor via Cape of Good Hope, an Hobart vorbei, durch den Beagle-Kanal und über die Falklands zurück nach Hamburg? Einzig und allein mit dem Ziel, im Auftrag der Industrie für die breite Öffentlichkeit zu beweisen, daß ein Aluminiumrumpf auch nach 271 Tagen Dauerbelastung immer noch so frisch aussieht wie beim Stapellauf? Logisch, daß Skipper Otto (Nachname: Normalverbraucher) von solch einer Leistung überwältigt, seinen Joghurtbecher sofort zur Disposition stellt, um sich auch solch einen Leichtmetallbaukasten anzuschaffen, der schon auseinanderfällt, wenn man ihn nur zwei Tage an einer stählernen Spundwand parkt. Das war wohl weiland auch der Hauptgrund, daß mit dem Ding kein einziger Hafen angelaufen werden durfte.

Ach, ich bin also neidisch und mißgünstig? Dummes Zeug. Wer ist schon neidisch auf solch herzerwärmende Erfahrungen, wie am

Südpol meterdickes Eis aus dem Schiffsrumpf zu schlagen oder wochenlang anläßlich eines Herbsttörns durch die Nordwestpassage (für Nichteingeweihte: die liegt im Ferienrevier zwischen Alaska und der Ostspitze Rußlands) wochenlang in irgendeiner namenlosen Bucht in meterdickem Eis festzuhängen. Klar, daß ich darauf neidisch bin. Schließlich geht mir auch dauernd etwas – rein seglerisch natürlich – ab, wenn ich nicht ständig entweder mit Eisbären oder Pinguinen um die letzten freien Liegeplätze balgen kann. Mein Gott, was soll denn das ganze Getue? Seit wir GPS, INMARSAT und Satellitenfax an Bord haben, ist es mit dem Entdeckertum doch sowieso nicht mehr weit her. So ist es doch: Immer größer, schneller, weiter. Die typische Leistungsgesellschaft. Gestern noch charterten wir ein Achtmeterbötchen auf der Ostsee oder an den Gestaden des Mittelmeeres, heute kommt man in der Hafenkneipe oder im Klubheim rein didaktisch kaum noch zum Zuge, wenn man nicht wenigstens durch Treibeisfelder oder haifischverseuchte Piratenreviere gesegelt ist. Was passiert letztlich? Käpt'n Otto (Nachname: Normalverbraucher) versucht es, mit seiner betagten Segelschluffe diesen Helden nachzumachen. Mit von der Partie sind jedoch nicht die fünfundzwanzig Mitglieder eines Berufsnautikerstammtisches, sondern die letztens erst mit Mühe und Not angetraute Ehefrau, die der ganzen Segelei ohnehin noch ziemlich skeptisch gegenübersteht. Wie soll sich also eine junge Frau an Bord einer acht Meter langen Segelyacht wohl fühlen, die aber auch bei jedem Wetter und jeder Windstärke über die Nordsee geprügelt wird. Getreu dem Grundsatz, was der Schreiberling kann, das kann ich schon lange.

Vorsicht, Vorsicht! Das Buch eines Weltumseglers ist an knapp zwei Tagen rasch ausgelesen. Für den Törn hat er aber vielleicht zwei bis zwanzig Jahre gebraucht. Lesen Sie mal genau nach, wie viele Hafentage die Burschen eingelegt haben, um das eigene Nervenkostüm und das ihrer Mitsegler wieder halbwegs in den Griff zu bekommen. Natürlich kommen Viertausendseemeilentörns beim Publikum immer gut an, aber was ist daran spannend, wenn in drei bis vier Wochen maximal an drei Tagen die Schoten bedient

17

werden mußten, weil Passat oder Monsun stetig und gleichförmig aus der gleichen und richtigen Richtung kamen? Ich kann Ihnen sagen, die Hafenmanöver in den hierzulande völlig überfüllten Marinas und Schleusendurchfahrten zwischen Cuxhaven und Cherbourg oder die Wildwasserströmungen vor den Kaps im Englischen Kanal lassen Ihnen eher den Schweiß auf die Stirn schießen, als die Überfahrt von Palma nach Barbados. Ganz zu schweigen von dem Katz-und-Maus-Spiel zwischen Ihren dreieinhalb und den entgegenkommenden hunderttausend Bruttoregistertonnen verrosteter Stückgutcontainerfrachter, deren völlig übermüdete Kapitäne scheinbar nichts Besseres im Sinn haben, als Sie zwischen Ramsgate und den Scilly-Inseln permanent auf die Hörner nehmen zu wollen.

Also machen Sie um Himmels willen damit Schluß, den auf kaum unter vierzehn Meter langen Stahlmantelgeschossen dahinschippernden Buchautoren nacheifern zu wollen. Sie sind und bleiben Knut Buttnase oder Paule Baumbruch. Sie segeln eine Dingenskirchen Einunddreißig und keine überkomplettierte Swan Fünfundsechzig mit siebzehn Mann bezahltem Bordpersonal, die allesamt so gut ausgebildet sind, daß der Eigner kaum einmal dazu kommt, sich von den Hummerplatten und Champagnersorbets aufraffen zu müssen, um selbst einmal das Steuerrad in die Hand zu nehmen. Das kann der von ihm angestellte Honorarkapitän A 6 sowieso viel besser.

Und dennoch ärgert es Sie merkwürdigerweise doch immer wieder, wenn solch ein tirolernußölbrauner, pilotenbrillentragender Besserwisser nach der Sommersaison anläßlich eines Seglerhocks sein eigens zu diesem Zweck aufgenommenes Segelvideo dem schäbigen, staunenden Rest des Segelvereins vorführt. Auslaufen Kiel in der Morgendämmerung. Grinsen in die Kamera mit blendaxweißen Drittzähnen. Erste Etappe natürlich nicht über den NOK, sondern via Kattegat und Skagerrak. Schließlich Hoek van Holland, Dover, Solent, Brest und Atlantik. Hin und zurück in drei Wochen. Sie staunen. Ich auch. Und zwar über Ihre an den Tag gelegte Ehrfurcht. Mein Gott, was wollen Sie mit Ihrer Ehefrau und Ihren

18

beiden Halbwüchsigen drei Wochen lang ununterbrochen auf See? Wenn Sie zurückkommen, haben entweder alle ein Wind-und-Wellen-Trauma oder Sie die Scheidungsklage Ihres Ehegespons und eine freundliche Vorladung des Stadtjugendamtes am Hals. Sie wollten sich doch erholen. Tolle Erholung, wenn jeden Morgen um halb zwei die Tide ruft, ohne deren Mithilfe Sie die paar tausend Seemeilen gar nicht schaffen könnten. Falls Sie nicht sowieso ab Skagen nonstop durchsegeln müssen und den Rest Ihrer Familie nur noch dann zu Gesicht bekommen, wenn Sie sich im Sechs-Stunden-Rhythmus mit rot unterlaufenen Augen am Ruder ablösen. Die Sache macht nur dann Sinn, sofern Sie Beamter sind und sich das darauffolgende halbe Jahr tagsüber erholen können. Ansonsten laufen Sie Gefahr, entweder Ihre längst aufgeschobene Kur nachzuholen oder bei Ihrem Therapeuten Stammpatient zu werden. Die Sache funktioniert ferner auch nur dann, wenn Ihre Frau ohnehin schon des längeren die Vorzüge eines Singledaseins in Erwägung gezogen und erste Kontakte zum Familienanwalt aufgenommen hat. Wenn Sie zu dritt oder viert jedoch eine „schrecklich nette Familie" darstellen, die es in dieser Form auch bleiben soll, dann bleiben Sie besser bei Ihrem Ostseetörn und überlassen diese Gewalttouren diesen Old-Spice-Dressmen (Schlagwort: forever young!). Ach, noch was. Beachten Sie, wie oft die Mitsegler in dem Video gezeigt werden und wie oft diese zu Wort kommen. Meist bleibt deren Existenz ziemlich im dunkeln. Die könnten nämlich peinlicherweise wesentlich genauer darüber Buch geführt haben, wie oft die Designerhosen unseres Marathon-Man im Schritt gelbbraun waren und wie oft der Süllrand der Yacht in seiner Nähe schaumiggrün.
Fragen Sie einfach mal naiv, was denn an solch einer Martertour Spaß machen soll. Der Blendaxweiße wird erst einmal entrüstet die vor lauter an den Tag gelegten Enthusiasmus herabgerutschte Ray-Ban zurück über die Nasenwurzel schieben, Sie ungläubig mit zwinkernden Augen anschielen und in hysterisch-albernes Gelächter verfallen. Da fragst du noch, wird er antworten. Super war's! Affenstark! Das waren Erlebnisse, wie wir die Sechsmeterwellen

herabgesurft sind! Ha, die unendliche Weite des Atlantiks, als wir Start Point querab peilten! Nicht zu vergessen die Kameradschaft der Männer auf See. Das ist doch unvergeßlich! Die Jungs aus seiner Crew, sofern er überhaupt so leichtsinnig war, sie zu dem Seglerhock mitzubringen, grinsen sich eins. Falls sie nicht lauthals herausprusten.

Haben Sie sich eigentlich noch nie gefragt, warum Leute die Welt umsegeln? Vor den seglerischen Jugenderlebnissen eines Rollo Gebhard und eines Wilfried Erdmann habe ich ehrlichen Respekt. Die begaben sich nämlich mit ihren ersten Segelnußschalen zu einer Zeit auf Welttournee, als das Segeln mit Kleinyachten auf Atlantik und Pazifik noch weitgehend unbekannt war. Die konnten Mitte der Sechziger mitnichten auf Servicestationen des Trans Ocean Club, auf Wetterfax, Mobiltelefon oder globale Positionsbestimmung mit Hilfe im Weltall dahinjagender Satelliten zurückgreifen. Aber heute? Ohne Satellitentelefon, INMARSAT, Differential-GPS und Bildschirmplotter geht da gar nichts mehr. Heute schaut es eher aus, als wollte jeder dieser Weltumsegler sein privates, publikumswirksames Whitbread-Round-the-World absolvieren. Manchmal frage ich mich, wie es Leute wie Nelson, Cook und Drake geschafft haben, mit ihren Schiffen und dann auch noch einzig unter Segeln überhaupt aus dem Hafen von Plymouth herauszukommen.

Wenn Sie sich eine sieben bis acht Meter lange Segelyacht zulegen und damit die Welt umsegeln, dann landen Sie allenfalls im Guinness-Buch der Rekorde unter der Rubrik „Größter nachgewiesener Leichtsinn auf dem Wasser". In den Segelzeitschriften wird man Ihre Meisterleistung, falls überhaupt, allenfalls mit einer einspaltigen Randnotiz bedenken und sich gleich wieder den rasenden Litfaßsäulen bekannterer Segelkoryphäen zuwenden. Ja, wenn natürlich ein bekanntes Sportunternehmen sein Label groß und breit auf Ihren Segeln oder auf Ihrem Rumpf abdruckt und Sie nach erfolgreicher Umrundung des Nordpols Ihr Konterfei in sämtlichen Prospekten des Herstellers abgedruckt finden, dann ist das natürlich schon etwas anderes. Oder wenn Sie es sich leisten können, ei-

ne eigene Agentur zu unterhalten, die für Sie die zahlungskräfti-
gen, verrückten Abenteuerfanatiker, die mit Erlebnissen von
Trekkingtouren über den K 2 und Wildwassersurfen im Grand
Canyon die Daheimgebliebenen nicht mehr langweilen wollen, an
Land und an Bord ziehen, um mit dem verlangten Charterobolus
Ihre Segeltörns in so Urlaubsgebiete wie Deception Island finanzieren zu können. Da neidet es natürlich den Leser solcher Fach-
blattartikel, in denen wort- und bildgewaltig ausgemalt wird, welch
Erlebnis einem Jahr für Jahr entgeht angesichts der Petroleumheizung, die es allenfalls bei Vollast schafft, die Kabinentemperatur
auf konstant 1° plus zu halten.
Na, sind das nicht die wirklichen Segelfreuden? Segeln im Drake-
Kanal und Ankern vor den Growlern von Snow Island? Was zählt
da also noch die Atlantiküberquerung mit einem Neunmeterboot
von Palma nach Barbados? Wie, keinen tropischen Wirbelsturm
abgewettert? Mein Gott, wie langweilig! Und noch nicht mal ein
paar herzerfrischende Piratenüberfälle? Wie wollen Sie denn da
überhaupt noch auf sich und Ihre Leistung aufmerksam machen?
Wenn Sie keinen geeigneten Sponsor Ihr eigen nennen, klappt das
sowieso nicht. Aber welcher Sponsor finanziert schon ein Acht-
oder Neunmeterboot? Mit dem man allenfalls zur Näreninsel oder
zu den Äußeren Hebriden findet.
Wo war ich doch noch anfangs stehengeblieben? Ach ja. Das
Schreiben über so Dinge wie das Segeln im allgemeinen und über
Segelreviere im besonderen. Also, wenn ich Ihnen wegen Ihrer neuerdings erwachten schriftstellerischen Ambitionen etwas auf den
Weg geben darf. Lassen Sie es sein, und versuchen Sie eher bei
Ihrem Chef wegen der schon seit langem ausstehenden Gehalts-
erhöhung zu baggern. Reich werden Sie mit der Schreiberei sowieso nicht. Überlassen Sie das Full-time-Segeln und das Schreiben
hierüber lieber unverbesserlichen, unverheirateten und kinderlo-
sen Segelchaoten. Es könnte sonst sein, daß Sie nach Aufkündigung
Ihres Jobs irgendwann Ihren Nachwuchs zum Singen auf die Straße
schicken müssen, um sich den längst fälligen Antifoulinganstrich
für Ihr schwimmendes Schreibbüro leisten zu können, sofern man

21

Ihnen nicht bereits behördlicherseits den Zugriff auf Ihre Kleinen entzogen hat.

Will damit sagen: Bleiben wir doch alle bei unserem gemütlichen Sommertörn von Hamburg zu den nord- und ostfriesischen Watteninseln, von Kiel nach Bornholm oder von Holland hinüber nach England. Letzterer ist angesichts der siebenunddreißig Verkehrstrennungsgebiete, die dabei überquert werden müssen, schon aufregend genug. Da brauchen wir nicht noch Piratenüberfälle, Eisberge und tropische Tiefdruckgebiete. Derartige Depressionen treten schon zwischen Hoek van Holland und Ramsgate bei der Bootsbesatzung schneller auf, als einem lieb ist. Besonders dann, wenn Sie mit Ihrer Familie oder der eilends für diesen Zweck zusammengewürfelten Herrenmannschaft in See stechen. Was man unter dem Begriff Abenteuer verstehen will, bleibt stets der eigenen Anschauung überlassen. Für den einen müssen es die Eisberge zwischen Kap Hoorn und der Antarktis oder die Wale im Pazifik sein. Für den anderen bedeutet schon der tägliche Umgang mit dem Hafenmeister einer bestimmten ostfriesischen Wattenseeinsel Aufregung genug. Oder der Diesel eines bekannten nordeuropäischen Herstellers, der sich spätestens dann vergrätzt zeigt, sobald sich das Boot gerade mit einem Nachbrennerschub von zehn Knoten von der Tide durch die handtuchschmale Lücke zwischen Alderney und Cap de la Hague auf die Klippen von Quenard Point katapultieren läßt. Oder nachts bei der Überquerung des Zwangsweges nach Hoek van Holland, wo man stundenlang nur noch rot, grün, weiß und blau funkelnde Lichter sieht, die zeitweise das eigene Vordeck dermaßen erstrahlen lassen, daß man meint, Hauptdarsteller einer Cancan-Gruppe zu sein, anstatt Chef auf einer Familienyacht, deren Besatzungsmitglieder ihre Gefühlsverfassung stimmgewaltig in den Tonlagen Alt und Sopran wie der Chor der Verdi-Gefangenen dermaßen in die Dunkelheit herausschmettern, daß das Echo an den in zehn Metern Abstand dahinrauschenden rostnarbigen und schwarzgeteerten Rümpfen der Stückgutcontainerfrachter und Roll-on-/Roll-off-Schiffe widerhallt wie in einem Opernsaal mit miserabler Raumakustik.

Aber tun Sie sich einen Gefallen. Kommen Sie bloß nie auf die Idee, über solche Erfahrungen wie diese ein paar Sätze aufs Papier zu bringen und zu publizieren. Plötzlich hageln von tausend Seiten die seemannschaftlich perfektesten Lösungen für Ihr Problem auf Sie herab. Warum Sie denn nicht dieses bedacht oder warum Sie jenes unversucht gelassen haben. Wo Sie überhaupt segeln gelernt und ob Sie überhaupt einen Segelschein hätten. Und der verantwortliche Redakteur wird sich verbitten, nochmals mit solch dilettantischen Erwähnungen gelangweilt zu werden.

Ach ja, die Redakteure der Fachzeitschriften. Wissen Sie, ich würde den Teufel tun und über etwas schreiben, von dem ich nichts verstehe. In einer Fachzeitschrift geht das etwas anders zu. Der Herausgeber (das ist der, der gewöhnlich Golf spielt) oder der Chefredakteur (das ist der, der am längsten dabei ist und am wenigsten segelt) bestimmt in einer stillen Stunde, über welche Themen der jeweilige Redakteur das Jahr über in bestimmten Abständen oder zu bestimmten Terminen berichten soll. Versteht der Redakteur von einem bestimmten Thema nichts und schafft er es beim besten Willen auch nicht, sich etwas Passendes aus dem Griffel zu saugen, ohne sich selbst der Lächerlichkeit Preis zu geben, dann greift er auf das (Un-)Wissen einer Heerschar sogenannter freier Mitarbeiter zurück, die sich irgendwann einmal mit oder ohne Vitamin B(eziehung) im Verlag eingeschleimt haben. Was der gute Mann (oder die gute Frau) letztlich recherchiert und zu Papier bringt, kann der Redakteur sowieso nicht beurteilen. Was da manchmal zu Papier gebracht wird, schlägt dem Faß den berühmten Nagel ins Gesicht und krempelt mir die Fußnägel hoch.

Nun bin ich ja ein extrem höflicher und zurückhaltender Mensch (Wer lacht da?) und weise auf den einen oder anderen Ausrutscher immer sehr dezent (Das Lachen soll endlich aufhören, bitte!) hin. Aber Sie können mir glauben: Freie Mitarbeiter einer Wassersportzeitschrift sind schlimmer als die Politiker der Partei, die im Bundestag gerade das Sagen haben, und denen ein Mitglied der Opposition gerade Volksverarschung und Dummschwätzerei unterstellt. Nehmen wir folgendes Beispiel. Da heißt es in einem

Artikel, daß die Öffnungszeiten der Sowieso-Brücke sonn- und feiertags um eine Stunde verlängert wurden. Damit sei der Unterlauf des Flusses Dingsbums auch für Segelboote mit entsprechend hohen Masten noch attraktiver geworden. Dumme Sache, denn die in den sechziger Jahren erbaute kombinierte Autobahn-/Eisenbahnbrücke wies schon von jeher keinen beweglichen Teil auf und besitzt eine Durchfahrthöhe von knapp acht Metern. Jeder, der in diesem Revier segelt, weiß, daß man die Brücke zwar mit stehendem Neunmetermast im Prinzip zwar passieren kann, aber nur einmal. Auf meinen kurz gehaltenen Hinweis erhielt ich schließlich eine vierseitige entlastende Einlassung des Verfassers, die so kompliziert und so komplex abgefaßt war, daß ein befreundeter Strafverteidiger, der selber segelt, sofort eine Kopie für einen Abdruck in der Neuen Juristischen Wochenzeitschrift forderte. Er versicherte mir, daß er mit einer in dieser Form dargelegten Verteidigungsstrategie keine zwei Wochen gebraucht hätte, um O. J. Simpson freizubekommen.

Artikel eines Stümpers, sagen Sie? Einzelfall, meinen Sie? Gut, in Sachen Stümper gebe ich Ihnen unumwunden recht, hinsichtlich des vermeintlichen Einzelfalls ein weiteres Beispiel. Da erscheint in einem renommierten Fachblatt der Hinweis, man solle die Genuaschot auf familiengeeigneten Fahrtenyachten in Curryklemmen bekneifen und der besseren Bedienung wegen die Klemmen nicht waagerecht auf dem Süll, sondern senkrecht an den Sitzduchten anbringen. O Gott! Daß ich es gewagt hatte vorsichtig darauf hinzuweisen, daß Curryklemmen dem enormen Zug einer Soundsovielquadratmetergenua vielleicht nicht gewachsen wären, daß es beim Abklemmen steil nach unten vielleicht zu Überläufern auf der Winsch kommt, daß die Familiencrew im Eifer des Gefechtes eventuell auf Grund an den Tag gelegter Unvorsichtigkeit die Schot freiwerfen könnte, als wenn sie – wie üblich – auf dem Kranz der Selbstholewinsch oder auf einer Kneifklampe belegt wäre und daß es möglicherweise mit Schwierigkeit verbunden sein könnte, die Schot überhaupt nach unten gedrückt und in die allenfalls auf Jollen verwendete Klemme geklipst zu bekommen. Als erstes bekam ich

Ketzer zu hören, daß ich es doch tatsächlich gewagt hatte, einem Admiral's Cup-erfahrenen Container- und Rubinsegler zu widersprechen. Das waren die ersten neun Zeilen des Briefes. Dann folgte ein Satz, daß es trotzdem so ginge. Schließlich folgte eine Seite eng mit Maschine geschriebene technische Erläuterung, wo es Begriffe wie „Punktlabilität", „Honeycomb-Sandwich-Laminat", „Verwendung eines Selftailers beim Nachtsegeln" usw. usw. nur so hagelte. Na, so ganz sicher war sich der rubinrote Containersegler dann aber doch nicht, denn er relativierte alles mit dem Hinweis, daß der einzelne Skipper für das von ihm gewählte Abklemmsystem natürlich selber verantwortlich sei. Blah, blah, blah! Wenn solche Leute nur dummes, nichtssagendes Zeug dahinschwätzen wollen, warum gehen sie nicht zu ihrem Friseur? Noch 'n Beispiel. Da biete ich einem dieser Fachblättchen einen Artikel über einen von mir getesteten 400-Watt-Radiator für den Bordbetrieb an. Was schreibt man mir zurück? Nein danke, aber über Warmwasserboiler haben wir erst unlängst berichtet. Noch Fragen?

Nimm mich mit, Kapitän, ...

Glauben Sie nur ja nicht, daß ich eine Lanze für den familiären Fahrtensegelsport breche. Mitnichten und Neffen! Leider arbeitet meine beste Steuerfrau von allen (böse Zungen behaupten: die eigentliche Befehlsgewalt bei uns an Bord) in einem Büro und darf leider nur auf die obligatorischen sechs Wochen gewerkschaftlich vereinbarter Freizeit zurückgreifen. Sosehr wir diese Wochen auch schieben und verteilen, irgendwie platzen wir immer in irgendwelche Ferien. In Norddeutschland sind es die Niedersachsen und Schleswig-Holsteiner, in Holland die Niederländer und Nordrhein-Westfalen, in Nordfrankreich die Belgier, Franzosen und Briten. Sosehr wir Fachbuchautoren uns auch bemühen, wir konnten bis heute die Wintersegelei noch nicht so recht attraktiv machen. Daher müssen wir uns von Juni bis August mit Heerscharen von schwimmenden Segelwohnwagen in den völlig überfüllten Yachthäfen herumschlagen. Ist schon toll, wenn man nach zweiundzwanzig Stunden Fahrt über siebenunddreißig Verkehrstrennungsgebiete noch beim letzten Büchsenlicht den Hafen auf Texel erreicht und die allerletzte freie Box ansteuert, um gleich darauf von zwei Muttis zur Rechten wie zur Linken angemacht zu werden, man solle nur ja still und leise sein. Die lieben Kleinen hätten den ganzen Tag am Strand herumgetobt, seien jetzt hundemüde und dürften nicht vom Knarzen der Festmacher oder Bimmeln der nur nachlässig am Mast beigebundenen Fallen gestört werden. Andernfalls drohe stante pede der Anschiß beim Hafenmeister. Oh, toll! Genauso habe ich mir das Fahrtensegeln vorgestellt. Die berühmte Kameradschaft und Hilfsbereitschaft auf dem Wasser. Eher berühmt-berüchtigt. Warum bleiben die Leute denn nicht auf ihren Baggerseen und sonstigen schiffbaren Teichen? Wo sie herkommen. Und wo sie mit ihren Hochsauerlandjoghurtbechern auch hingehören. Ist doch wahr! Sie glauben mir nicht? Sind Sie vielleicht auch so 'n hagerer Berufsschullehrer mit Halbbrille, eisgrauen Haaren, Bart, Wandershorts, Sandalen und kariertem Bergsteigerhemd? Mit Karos passend zur

Größe des Intelligenzquotienten? So einen habe ich vor ein paar Jahren auch einmal genossen. Den Hafen will ich gar nicht nennen. Der ist okay. Fahre ich gerne hin. Also, der Typ, urdeutsch bis ins Mark, preußisch-bieder bis zum Erbrechen, hatte in Platzhirschmanier seine Box vorsichtshalber für zwei Wochen im voraus gebucht. Jetzt führte sich der Bursche auf wie ein Blockwart. Lief herum, kontrollierte die Festmacher, knurrte die Leute an, die den Wetterbericht des Abends zu laut einstellten und drehte den Wasserhahn ab, wenn ein Frechling sein Boot mit dem Wasserschlauch abspritzte (könne man mit dem dreckigen Salzwasser machen, bekäme dem nußbraunen Teakdeck und den Edelstahlbeschlägen ohnehin besser). Berufsschullehrer, Fachrichtung Deutsch und Handarbeit, oder so ähnlich. Hatte erst einmal die Hafenordnung, die selbst der Hafenmeister schon seit Jahren nicht mehr zur Hand genommen hatte, Wort für Wort auswendig gelernt und die einzelnen Blätter auf eigene Kosten zigmal kopiert. Die flatterten nun als gefalteter Segelflieger dem jeweiligen Störenfried ins Cockpit, wobei er die entsprechenden Vorschriften, gegen die man verstoßen hatte, blutrot mit einem Textmarker hervorgehoben hatte. Während mein holländischer Stegnachbar, den er wegen zu lautem Geschirrgeklapper nach zweiundzwanzig Uhr drangekriegt hatte, schon die geladene Winchester aus dem Bodenschapp herauskramen wollte, versuchte ich zu beschwichtigen. Friedlich, friedlich, meinte ich zu ihm. Rotterdam sei schließlich schon über fünfzig Jahre her, und seine Seenotsignalpistole wäre doch viel zu laut. Ob er denn auch noch einen Rüffel wegen Verstoßes gegen Paragraph fünf (ruhestörender Lärm) riskieren wolle. Ich grinste indes nur Tom-Gerhard-mäßig, schob mir die Pudelmütze in den Nacken und unterstrich meine an den Tag gelegte Gelassenheit mit dem demonstrativen Abschrauben des Reservoirs unserer schon seit mehreren Tagen nicht mehr geleerten Chemietoilette.

Herbe, was? Ja, seien Sie nett zu Ihren Nachbarn! Echte Fahrtensegler neigen zu Verspieltheiten und sind, einmal so richtig auf den Schwanz getreten, an Unberechenbarkeit nicht mehr von einem in amerikanischen CIA-Kreisen wohlbekannten nordafrikanischen Moslem-

Diktator zu unterscheiden. Überhaupt die Fahrtenskipper. Eine Spezies Mensch für sich. Das Jahr über arbeitet unser See-Machiavelli artig und brav im Büro, ordnet sich den Dienstanweisungen unter und bläst dem Vorgesetzten gehörig Zucker in den Auspuff. Daheim bestimmt Madame mit dem gnadenlosen Charme einer gestreßten Enddreißigerin, die von der Termingestaltung der Tennisstunden, Tupperware-Parties und Bridgerunden hoffnungslos überfordert ist, den Zeitablauf in der segellosen Zeit. Aber an den Wochenenden und im Urlaub treten alle diese Faktoren in den Hintergrund, denn da steigt ein fundamentalistischer Schoten-Ajatollah auf den Plan. Keiner wagt es, seinem Diktat zu widersprechen. Sein Wort gilt als Gesetz, sein Logbuch ist der Koran an Bord seiner dreißig Fuß schwimmfähig modellierter Kunststoffmatten. Haben Sie sich schon einmal die Mühe gemacht, am ersten Schulferienwochenende dem Szenario des Schreckens auf den Stegen zwischen Flensburg und Friedrichshafen beizuwohnen? Nein? Ah, Sie glauben wohl auch, daß wir hier oben etwas altmodisch sind. Aber das stimmt nicht. Wir haben das neue Sail'n Crash erfunden. Aber Vorsicht! Das ist cool, Mann!

Kreuzfahrt des Grauens

Drehbuch für einen Videofilm
Ausgezeichnet mit der Goldenen Palme der Filmfestspiele in Cannes

1. Einstellung: Hintergrund: grauschwarzes Wasser, tiefhängende Wolken, Regen waagerecht. Vordergrund: Yachthafen in idyllisch ländlich-sittlicher Umgebung; Segelboote neigen sich sanft mit dreißig Grad Schräglage nach Lee, Fallen bimmeln gegen die Masten, geschäftiges Treiben der Statisten am Steg, vereinzelt treiben Reisetaschen und Seesäcke im Hafenschwell. Auftritt der Familie Schekel aus Bochum.
(Papageno Schekel, kurz Papa, springt hurtig und frohlockend auf den wackeligen Holzsteg.)

PAPAGENO: „Los, Ihr Langweiler, Reise, Reise! Die anderen sind schon längst unterwegs! Um elf geht die Tide! Bis dahin will ich durch die Schleuse sein!"
(Gretel Schekel, geborene Faust, genannt Gretchen, rastet kurz, legt die beiden Reisetaschen, die Faltbox mit dem Reiseproviant und die Kameraausrüstung ab, wobei ihre zwischen den Zähnen geklemmte Handtasche im Wind hin und her schwingt.)
GRETCHEN: „Vatter, nu' wart' doch ma'. Ich kann nich' so schnell!"
(Hinter ihr Verdis Gefangenenchor, bestehend aus dem siebenjährigen Bud und der neunjährigen Kelly Schekel.)
KELLY SCHEKEL: „So ein Mist! Die Gurke schwimmt ja doch noch. Wie lange dauert das denn bloß? Du hättest auf mich hören sollen, Bud, und auch noch den Schlauch von der Toilette abziehen sollen!"
(Bud Schekel schüttelt den Kopf.)
BUD SCHEKEL: „Und ich hab' dir gleich gesagt, das klappt nur, wenn wir auch die Seeventile offen stehenlassen."
(Papageno springt über den Seezaun und bleibt mit dem rechten Bein zwischen den Relingsdurchzügen hängen.)
PAPAGENO: (Wutgeheul.)
GRETCHEN: „Sei doch nich' immer so hepperich!"
PAPAGENO (erbost): „Wer ist hier hepperich? Willste da etwa Wurzeln schlagen? Mach' zu, Mutta, Teim is Mannie!"
(Bud und Kelly schlendern gelangweilt heran.)
KELLY: Könn' wir noch auf den Spielplatz gehen?"
PAPAGENO: „Kommt nicht in Frage! Ihr bleibt hier!"
BUD: (Schluchz!)
GRETCHEN: „Nu' laß doch ma' die Kinder, Vatter. Die ham' doch auch Ferien. Bißchen auf den Spielplatz tut denen doch gut."
(Papageno humpelt zum Kajüteingang, wobei er sein wehes Bein in der Luft ausschüttelt, und öffnet das Schiebeluk; weicht entsetzt zurück.)
PAPAGENO: „Mutta, mich trifft der Schlag. In der Spüle liegen ja noch die zwei Heringe, die du vor drei Wochen beim Fischhändler gekauft hast. Ich denke, die sind zu Hause in der Tiefkühltruhe?"

(Gretchen wuchtet sich über die Reling und wirft einen Blick in die Kajüte; Gesicht verfärbt sich grün.)

GRETCHEN (nach Luft ringend): „Ach du Sch...!"

KELLY (fordernd): Könn' wir vielleicht jetzt auf den Spielplatz gehen?"

PAPAGENO: „Untersteht euch!"

BUD: (heult wie ein Nebelhorn)

GRETCHEN: Nu' laß doch die Kleinen, Vatter. Wir müssen erst mal dat Gedöne hier wegschaffen. Is' ja nich' zum Aushalten, der Mief!"

PAPAGENO (erzürnt): „Wir? Du hast doch die Fische liegengelassen. Sieh zu, daß'te die Schweinerei wegmachst! Ich geh' jetzt erst mal zum Hafenmeister, uns abmelden."

BUD UND KELLY (einstimmig): „Könn' wir mitkommen?"

PAPAGENO (stocksauer): „Nein, zum Teufel! Ihr bleibt hier! Und wehe, ihr rührt euch von der Stelle!"

(Papageno sucht unter der Begleitung von Verdis Gefangenenchor das Heil in der Flucht.)(Ende 1. Einstellung)

2. Einstellung. Wind heult durch die Wanten, Regen peitscht waagerecht über das aufgewühlte Hafenwasser, drei bis zur Unkenntlichkeit vermummte Gestalten bewegen sich schleppend auf dem Schiff hin und her, eine vierte Person umklammert aufrecht und mannhaft das voluminöse Ruderrad der Yacht und stößt dabei mächtige Rauchschwaden aus einer Achtzigpfennig-Brasil in den Sturm aus.

PAPAGENO (ungeduldig): „Wie lange dauert das denn noch, ihr Transusen? Klar bei Vorleine! Wird's bald?"

STEGNACHBAR (mischt sich ein): „Na, Skipper? Geht's auf große Fahrt?"

PAPAGENO (sich räuspernd): „Tach, Meier. Auch schon wach? Ja, wir wollen noch die Tide kriegen. Aber wenn die da vorne so weitermachen, komm' ich heute höchstens noch bis zur Hafenausfahrt. Ist schon ein Kreuz mit diesen Landratten."

STEGNACHBAR (mitfühlend): „Glauben Sie nur ja nicht, daß das nur Ihnen so geht! Also meine Alte ..."

STIMME (zornig aus dem Hades rufend): „Was hast du da gesagt, Fritz? Alte, hast du mich genannt? Na, warte. Ich werd' dir gleich ‚Alte' geben, du ...‟
(Stegnachbar verschwindet mit dem Kinn auf dem Brückendeck aufschlagend im Bauch der Nachbaryacht; heftiges Klatschen übertönt das Stakkato des Windes.)
PAPAGENO (Hände ringend): „Seid ihr endlich soweit?‟
CHOR: „Wir sind gleich soweit!‟
PAPAGENO (Schalthebel energisch zurückschiebend): „Dann mal los, da vorne!‟
(Boot bewegt sich ruckartig zurück, dunkelblauer Qualm steigt auf, Drehzahl steigt auf dreitausend Touren.)
GRETCHEN (entsetzt): „Nich' so schnell, Vatter! Die Springs sind doch noch nich' los!‟
PAPAGENO (mit weit aufgerissenen Augen): „Wat is' noch nich' los?‟
(Die Yacht der Schekels braust aus der Box und dampft in die immer noch festgeknoteten Achtersprings ein. Die Dalben kreischen gequält auf. Leinen knirschen. Die Backbordspringklampe löst sich aus dem Deck.)
PAPAGENO (dem Herzkaschperl nahe): „Leinen los, verdammt noch mal! Mal fix, da vorne! Leinen los!‟ (Einsatz Verdis Gefangenenchor.)
BUD UND KELLY: (Geplärre)
GRETCHEN (gepreßt): „Ich krieg' die Knoten nich' auf, Vatter!‟
PAPAGENO (Haare raufend): „Haste schon wieder vergessen, wie man einen Palstek auftüddelt?‟
(Schekels Yacht legt sich gegen den Leedalben, die Scheuerleiste preßt sich passend zum Sopran des Chors quietschend zusammen und springt aus der Nut. Das Heck dreht weiter, rammt die weit herausragende Badeplattform des Nachbarbootes und reißt – hier darf der Tusch der großen Orchesterbecken nicht fehlen – handflächengroße Glasfasermatten aus dem Spiegel. Maschine läuft unbeirrt mit dreitausend Touren rückwärts. Boote versinken in blauschwarzem Auspuffqualm.)
(Stegnachbar erscheint wie ein Schachtelteufel in der Plicht und besieht sich das Malheur.)

STEGNACHBAR (um Fassung ringend): „He, sind Sie wahnsinnig geworden?"

PAPAGENO (kopfschüttelnd): „Nu' halten Sie doch mal ab, Mann! Was liegen Sie mit Ihrem Joghurtbecher überhaupt so weit in die Boxengasse hinaus! Da hat man ja gar keinen Platz zum Manövrieren!"

(Gretchen säbelt mit einem Messer an den Leinen.)

PAPAGENO (mit aufgerissenen Augen): „Mutta, was machste denn da schon wieder! Aufknoten, hab' ich gesagt. Nich' abschneiden!"

(Schäkels Boot macht einen Satz in die Boxengasse hinaus, während die Endstücke der Leinen peitschengleich mit pfeifendem Sirren durch die Luft zum Steg zurückfliegen. Unbeteiligter Landgänger stirbt theatralisch den Heldentod. Papageno wird nach vorne geworfen und verkeilt sich dort hoffnungslos zwischen elektrischer Zentralwinsch, Gashebel und gekröpftem Ruderrad.)

GEFANGENENCHOR: (läßt Sonate in Schiß-Moll ertönen)

GRETCHEN (fassungslos): „Vatter, um Himmelswillen! Guck nach hinten! Gleich ..."

(Heck der Schekel'schen Yacht brettert quer über die Boxengasse, durchläuft auf der gegenüberliegenden Seite quer eine freie Box und bohrt sich in die Flanke eines dort festgemachten Gastliegers.)

GRETCHEN (ihren Satz beendend): „... kracht's!"

(Der Gastlieger erscheint mit kaffeebesudeltem Hemd im Niedergang.)

GASTLIEGER (mit gefletschten Zähnen): „He, du Irrer! Bist du nicht ganz dicht im Kopf, oder was?"

PAPAGENO (sich aufrichtend): „Was machst du überhaupt in dieser Box, du Anfänger! Die Box ist schon seit Jahren frei. Konnste dich mit deiner Gurke nich' woanders hinlegen? Biste selber schuld. Und jetzt drück mal ab, Mann! Ich will hier nicht übernachten!"

(Papageno greift nach dem Bootshaken und sticht mit dem rostigen Metallende in den schneeweißen Kunststoff des Decksaufbaus. Der Haken rutscht auf der glatten Oberfläche ab und hinterläßt einen eleganten Rallyestreifen.)

GASTLIEGER: (bricht ohnmächtig zusammen)

STEGNACHBAR: (wiehert vor Vergnügen)

GEFANGENENCHOR: (steigert sich zum Crescendo)
GRETCHEN: (verschwindet Hals über Kopf im Niedergang)
PAPAGENO (fluchend): „Was stellt ihr euch alle so an. Wo gehobelt wird, da fallen Späne. Ich geh' wenigstens raus, ihr Trantüten. Schönen Tach noch!" (Ende 2. Einstellung)

Ich denke, das sollte als Auszug aus diesem epochalen Werk erst einmal reichen, weil schon alleine diese beiden Aufzüge die herbe Romantik, die den Fahrtensegelsport umgibt, widerspiegeln. Welch ein ödes Einerlei, wo der Skipper auf ein mehrköpfiges, exzellent eingespieltes Personal zurückgreifen kann. Abenteuer entwickeln sich nämlich immer noch aus der brisanten Mischung von Abend und teuer. Am Abend liegt man, so Gott oder Allah will, in einem fremden Hafen, und teuer ist es sowieso. Will sagen, daß tagsüber, wenn das Boot sich praktisch von alleine bewegt (also glücklicherweise vom Autopiloten und nicht von Menschenhand gesteuert wird) und Vater, Mutter und Nachwuchs sich dem Laisser-faire der nordeuropäischen Sommeridylle (1. Wochenende im Juli, danach beginnt wieder der Winter) hingeben, von Nervenkitzel kaum etwas zu spüren sein wird. Es sei denn, es bläst aus vollen Rohren gegenan. Zwischen Anfang Mai und Ende September also praktisch dauernd. Aber dennoch läßt sich weitab von Hafenkais und Schleusenmauern das seglerische Full-house immer noch irgendwie zusammenzinken. Wenn jedoch die Ablegemanöver in den wohlbekannten Heimathäfen schon herzerfrischende Kurzweil bieten, wie lebensbejahend muß sich dann erst das Anlanden in wildfremder Umgebung auf die nach monatelangem, harten Beamtendasein in einem Ministerium gestreßte Psyche des Skippers und auf die sich nun endlich vom täglichen Kochtopfstreß erholende Hausfrauenseele des Ehegespons auswirken. Und auf die erwartungsvollen Kinderherzen, denen in den übrigen fünfzig Wochen des Jahres allenfalls Super Mario Brothers die Langeweile vertreiben können.
So traurig es mich auch stimmt, aber ich muß zugeben, daß Regatta- und Chartersegler hierbei den wahren Seglern, also den Fahrten-

seglern, erstmals überlegen zu sein scheinen. Die wahren Segler, also die, die nicht für jede Kabellänge abgespulte Wegstrecke sündhaft viel Geld über die Ladentheke schieben müssen, leben getreu dem Grundsatz: Ein Tag auf See ist ein verlorener Tag im Hafen. Das Jahr über bewegen sie ihren faulen Hintern allenfalls dann aus dem Hafen hinaus, wenn auch alle Vorraussetzungen stimmen (nix Gescheites im Fernsehen, Verwandte im Anmarsch, Hoch von 1040 Hektopascal mit Wind aus Ost der Stärke eins bis zwei, genügend hoher Stand in der Sonnenölflasche und voller Bierkasten). Abends sind sie dann wieder am heimatlichen Liegeplatz zurück und übertreffen sich in der Hafenkneipe mit den Schilderungen der knallhart abgerittenen Spikurse über den Parcours im Schutze der sich sanft wiegenden Uferpappeln.

Aber dann schwebt im Juli/August das Damoklesschwert des jährlichen Sommertörns über dem Haupte des Skippers. Da muß er dann raus und frische Nord- oder Ostseeluft schnuppern. Sonst wird er allzu leicht Opfer des Gejammers der Bordfrau, die ohnehin lieber auf einen Urlaub in den österreichischen Bergen reflektiert und schon häufiger den Tausch des Bootes gegen ein Wohnmobil zur Disposition gestellt hat. Jetzt heißt es also Abschied nehmen von dem angestammten Liegeplatz, in den man wegen eines ausgeklügelten Leinenführungssystems mit siebenundzwanzig Rollenblöcken selbst bei Starkwind (drei Beaufort), ohne die Scheuerleisten oder sonstige wichtige Teile am eigenen oder Nachbarboot abzureißen, schon nach dem sechzehnten Versuch ein- und auszulaufen schafft.

Wir überspringen also die Einstellungen Nr. 3 (Segelsetzen), Nr. 4 (Segel reffen) und Nr. 5 (Bekämpfung der Seekrankheit, verbunden mit Segelbergen) und kommen gleich zur

6. Einstellung. Wind heult immer noch durch die Wanten, Regen fällt immer noch waagerecht ein, Waschbord und Außenwand sind schaumiggrün verklebt. Drei 10-Liter-Eimer poltern durch die Plicht, die von drei sich in besudelten Lumpen auf den Sitzduchten in

Schmerz und Pein herumwindenden Sheakespeare'schen Geistern längst aufgegeben wurden. Odysseus Schekel, vormals Papageno, läuft erst spät im Hafen ein, weil er unterwegs von Circe, der Göttin der DECCAnischen Unruhestifter, auf halbem Wege in die Irre geführt worden war. Untermalung der Geräuschkulisse des Windes durch ab und zu aussetzenden Zweizylinderdiesel.

(Odysseus-Papageno reckt anklagend seine segelhandschuhbewehrte Faust gen Himmel.)

ODYSSEUS (verzweifelt fordernd): „Ja, verdammt noch mal, jetzt hab' ich schon vor drei Stunden die Segel geborgen und dampfe nur unter Maschine vierkant gegenan, und ihr kotzt euch immer noch die Seele aus dem Leib. Meine Güte, was seid ihr denn für Jammerlappen!"

PENELOPE (in der Gestalt von Frau Schekel): „Keuch! Spotz!"

VERDIS CHOR: (anklagend) „Mann, das ätzt ja absolut an, diese Gurkerei. Total abgefuckt!"

ODYSSEUS: (verzweifelt bittend) „Da sind schon die Hafenmolen! Steht doch endlich auf! Klar bei Fender und Leinen!"

(Eine Welle schlägt auf dem Vordeck nieder; Gischt spritzt über die Sprayhood bis ins Cockpit.)

PENELOPE: (würgend) „Wo ist der Eimer, um Himmels willen. Klar bei Eimer!"

(Rest ihres Vortrages geht in einem neuerlich hervorgebrochenen Rülpsen und Gluckern unter. Schekel'sche Yacht eilt unter dem Vortrieb des Achtzehnspänners wegen latenter Gleichlaufstörungen mit dreieinhalbtausend Touren an der Kurbelwelle zwischen den Molenköpfen hindurch und vierkant auf den gut besuchten Meldesteiger zu.)

ODYSSEUS: (wie ein Schachtelteufel vor seinem gekröpften Steuerrad auf und ab springend) „Nun tut doch was! Nun macht doch was! Nun sagt doch was!"

GEFANGENENCHOR: (stimmt gregorianischen Leidensgesang an)

PENELOPE: (rafft sich auf, um angesichts der in Windeseile näherkommenden Schiffstraube am Steg in lautes Wehgeschrei auszubrechen) „Vatter, nicht so schnell! Ich muß doch erst noch die

Leinen auseinanderposumentieren. Wie ging das noch mit dem Klopfschaf?"

ODYSSEUS: (unbeherrscht) „Kopfschlag, du Ziege! Mach zu, Alte. Da ist nur noch ein freier Platz. Denkste, ich will hier draußen ankern? Nun mach ..."

PENELOPE: (weiß vor Zorn) „Nu' isses aber gut, Vatter! Nich' vor den Kindern! Wie nennste mich? Ziege? Weißte was? Mach doch deinen Kram alleine!"

PENELOPE: (wirft Leinen und Fender demonstrativ auf das Vordeck und verläßt hochroten Kopfes die Bildfläche; der Abstand zum ersten Päckchen beträgt noch zehn Meter)

ODYSSEUS: (den Gefangenenchor unterbrechend) „Bud! Kelly! Nehmt die Leinen. Werft sie zu dem Boot da rüber!"

VERDIS CHOR: (bückt sich, greift die Leinen und wirft sie in hohem Bogen über Bord)

ODYSSEUS: (überwältigt) „Ihr verdammten Gören! Ihr habt vergessen, die Leinen an den Klampen festzuknoten!"

CHOR: (setzt klagenden Gesang fort)

ODYSSEUS: (mit der Fassung ringend) „Bud! Los, spring und fisch' mir die Leinen wieder ein. Hoppi, hoppi!"

CHOR: (schwillt an)

ODYSSEUS: (die Hände abwehrend zum Himmel gereckt) „Kelly! Dann spring du wenigstens! Verdammt! Das sind keine Schwimmleinen! Die süppeln ab! Nun mach schon!"

CHOR: (gleichzeitig mit dem Beckentusch, gespielt von zwei Salingen, die in fünf Metern Höhe scheppernd gegeneinanderschlagen) „Mami!" (Gefangenenchor tritt unter dem Applaus der Menge ab, die Weisen aus dem Morgenlande erscheinen auf den Decks der Päckchenlieger)

1. WEISE: „Rückwärtsschub!"

2. WEISE: „Nein! Dann dreht das Heck in die falsche Richtung!"

3. WEISE: „Schmeiß mal deine Vorleine rüber!"

4. WEISE: „Um Himmels willen! Erst die Heckleine!"

5. WEISE: „Auskuppeln! Mein Gott! Auskuppeln!"

6. WEISE: „Laß den Gang drin! Du treibst sonst ab!"

7. WEISE: „Dampf in die Spring!"

8. WEISE: „Zu spät! Keine Spring! Dreh ab und probier's nochmal!"

1. WEISE: „Hör nicht auf den Quatschkopp! Gib Rückwärtsschub!"

2. WEISE: „Also hör'n Sie mal. Wie kommen Sie mir überhaupt vor?"

3. WEISE: „Wo bleibt die Vorleine?"

4. WEISE: „Erst die Heckleine!"

3. WEISE: „Wo haben Sie denn Anlegen gelernt?"

4. WEISE: „Jedenfalls woanders als Sie!"

5. WEISE: „Auskuppeln!"

6. WEISE: „Nein! Gib 'n bißchen Gas! Du treibst ja schon!"

5. WEISE: „Also von Hafenmanövern verstehen Sie soviel wie meine Schwiegermutter!"

6. WEISE: „Ich geb' dir gleich Schwiegermutter, du Stiesel. Wenn du dumm herumquatschen willst, dann geh' doch zum Friseur!"

STIMME: (aus dem Schiffsbauch von Nr. 6 kommend, fauchend) „Laß Mutter aus dem Spiel!"

7. WEISE: „Die Spring! Herrgott, noch mal! Die Spring!"

8. WEISE: „Hör nicht auf den Blödmann! Dreh ab, Junge!"

7. WEISE: „Wer ist hier ein Blödmann?"

8. WEISE: „Immer der, der blöd fragt!"

(Übrige Weisen lachen rauh auf.)

7. WEISE: (ergreift zornesrot seinen Spibaum) „Sag das noch mal, wenn du dich traust!"

8. WEISE: (zurückweichend) „He! So war das nicht gemeint!"

(Schekels Yacht donnert erneut gegen die blank polierte Außenhaut des letzten im Päckchen. Während die Versicherungsscheinnummern und die Namen der Familienrechtsanwälte von Bord zu Bord ausgetauscht werden und die übrigen Unbeteiligten sich ehrfurchtsvoll mit erhobenem Mittelfinger der rechten Faust voneinander verabschieden, treibt Schekels Yacht wieder ab und verkeilt sich anschließend mit dem Rigg im Fanggeschirr der Fischtrawler, die gegenüber am Kai liegen.)

KAPITÄN: (erscheint mit hochgezogenen Augenbrauen) „So können Sie aber nicht liegenbleiben, guter Mann. Wir laufen in zehn Minuten aus!"

VERDIS GEFANGENENCHOR: (erscheint wieder)

PENELOPE: (erscheint ebenfalls wieder)
CHOR UND PENELOPE: (einstimmig) „Wir woll'n sofort wieder heim!"
Schluß der Vorstellung.
Vorhang.

Noch Fragen? Wollen Sie wirklich immer noch mit ihrem wandelnden weiblichen Terminkalender (Tennis, Tupperware usw.) und zwei unterbelichteten Gören auf Törn gehen? Warum denn nicht mal mit einer netten Herrenmannschaft. Mit den Jungs vom Kegelklub. Oder vom Skatabend. Oder vielleicht sogar mit Ihren Kollegen aus dem Büro. Wenn Sie demnächst alleine kegeln, Räuberskat vor dem Spiegel spielen und im Büro Einzelkämpfer werden wollen, dann nur zu. Die Leute warten schließlich nur darauf, sich von Ihnen als „Dösbaddel", „Dummschwätzer" und „König aller Beknackten" titulieren zu lassen. Vorsicht also. Ihre Frau ist von Ihnen zumindest finanziell abhängig. Das wird sie unter Umständen über manch einen verbalen Ausrutscher hinwegsehen lassen. Ihr Nachwuchs akzeptiert ihre starke Hand wahrscheinlich eher als den Reisauflauf im Kinderheim. Aber so ganz sicher sollten Sie sich da auch nicht sein. Überraschungen gibt es immer wieder. Besonders dann, wenn Ihre Frau Trost bei ihrem Tennislehrer findet und Ihre Kinder ein Vorstellungsgespräch beim Jugendamt nicht scheuen. Bliebe also nur noch das Einhandsegeln Marke „Joshua Slocum" oder „Bernard Moitessier". Wie, sie wollen auf menschliche Ansprache nicht verzichten? Wie, das Quietschen der Selbststeueranlage ist Ihnen nicht Unterhaltung genug? Tja, dann bleibt Ihnen nur noch übrig, entweder in Zukunft die Zähne zusammenzubeißen oder in Ihrer Freizeit Golf spielen zu gehen.

Navigation oder
die Kunst des Selbstbetrugs

Wegen des abflauenden Windes und des weißen Leichentuchs aus
Nebel konnte die zuerst hurtig aufgenommene Fahrt doch nicht
beibehalten werden. Der Passatwind mochte sich nicht recht durchsetzen, und es schien, als wollten sich die Roßbreiten dem mutigen
Kapitän und seiner erwartungsvollen Mannschaft entgegenstellen.
Am dritten Tage bereits begannen die anfangs doch so uner-
schrockenen Männer zu jammern und zu wehklagen. Der Kapitän
versammelte das ängstliche Häuflein auf dem Achterkastell um
sich und hielt sich daran, ihnen Trost und Zuversicht zuzuspre-
chen. Er versprach ihnen Berge von Gold, flüssiges Labsal und
Weiber, doch die Anführer murrten dennoch trotzig auf. Der Kapitän
also besann sich einer List, um die Gemüter zu besänftigen. Ab
dem vierten Tage trug er stets mehr zurückgelegte Wegstrecke in
das Schiffstagebuch ein. So wollte er erreichen, daß seine Männer
die noch zu bewältigende Wegstrecke als nicht mehr so weit emp-
fanden. Doch drückten ihn bald böse Alpträume, die von Felsen
in tosender Brandung und vom Zorn der Mitglieder der Heiligen
Inquisition des Seegerichts handelten. Bald schon verlor er die
Gewißheit, ob sich sein Schiff schon wirklich so weit auf den Ozean
vorgewagt hatte. Auch das Wetter und der Zustand seines Schiffes
trugen nicht dazu bei, die Stimmung bei der Mannschaft zu heben.
Am fünften Tage der Reise schrieb er in sein Schiffstagebuch: Was
mir am meisten Sorge verschafft, ist die Deklination des Kompasses,
die meine Koppelrechnung immer wieder ad absurdum führt. Weh
mir, sollte die Heilige Kommission recht behalten und wir, Got-
teslästerliche, die wir sind, uns letztlich doch am Rande einer Scheibe
bewegen. Er schloß seine Eintragung und begab sich wieder an
Deck, um durch seine immer fortdauernde Anwesenheit den Mut
unter den Getreuen nicht noch weiter sinken zu lassen.
Der Kapitän hatte seinem Steuermann befohlen, gut Ausguck zu

halten und dem Toppgasten eine Belohnung von tausend Geldstücken zuzüglich einer Verdoppelung der Rumration versprochen,
wenn er als erster Land entdeckte. Doch je häufiger er auf den ausstehenden Reichtum hinwies, desto mehr häuften sich seine Fehl-
meldungen.

„Land! Land in Sicht!" rief gegen sechs Glasen der an der Spitze
des Großmastes festgebundene Matrose und deutete heftig in eine
Richtung, die drei Strich achterlicher als querab lag. Der Kapitän
ließ stante pede wenden und richtete den Bug seines ihm anver-
trauten Schiffes gen Osten. Und so war es. Vor ihm erhob sich ein
niedriger Felsen, der immer mehr an Höhe zunahm, je mehr er auf
ihn zusteuerte. Eine Stunde später ließ er in einer heimeligen Bucht
auf fünf Faden Wassertiefe das Grundgeschirr fallen und begab
sich mit drei Mann in ein Langboot, das er stets an Deck mitzu-
führen pflegte. Als sich der Kiel des Beibootes schließlich in das
helle Ufer der fremden Gestade bohrte, sprang Christopher über
den Süllrand auf die kostbare Erde und küßte den Sand.

„Ein kleiner Sprung für mich", mochte er gestammelt haben, „doch
ein riesiger Schritt für die Menschheit."

Als er wieder aufblickte, sah er vor sich die Beinansätze einer dun-
kelblauen Stoffhose. Er hob sein Antlitz weiter und erkannte einen
stämmigen Mann mit einem Notizzettelblock und einem grimmi-
gen Gesicht.

„Mensch, Firsching! Das ist jetzt schon das dritte Mal in diesem
Jahr. Kannst du nicht einmal auf Helgoland einlaufen wie alle anderen auch?"

Was will uns diese, zugegeben frei erfundene, Parabel (ich bin mein
Lebtag noch nie mit eigenem Boot auf Helgoland gewesen) lehren? Gar nichts! Eben. Das passiert dem besten Kapitän und dem
besten Navigator sogar auf solch einem Entengrützentümpel wie
dem holländischen Ijsselmeer. Sie glauben mir nicht? Werfen Sie
doch einmal einen Blick in die Erfolgsstatistiken der dort ansässigen Bergungsunternehmer. Die fahren privat allesamt Stuttgarter
Nobellimousinen. Ich will mich aber nicht zum soundso vielten
Male über das schwere, nervenzermürbende Geschäft in der Naviga-

tionsbude an Bord einer Segelyacht auslassen (das kommt später). Nein, ich will mit der Selbstherrlichkeit einiger Sportbootkommandanten aufräumen, die bei Törnbeginn ihrer Mannschaft die Landung auf der Isle of Wight in Aussicht stellen und ihre grinsende Crew hinterher auf Jersey zum Whisky einladen müssen. Mit der Begründung, daß wohl unbekannte irdische und überirdische Einflüsse auf den Kompaß schuld seien. Oder mit der Arroganz solcher, die eine ruhige Überfahrt nach Finnland versprechen und hinterher in der ersten Nacht an Land verzweifelt versuchen, auf allen Flaggenmasten Nyborgs die dänische Nationale gegen die weiße Flagge mit dem blauen Kreuz auszutauschen. Hoffen wir, daß sich unser Skipper mit der Farbzusammenstellung auskennt, sonst läuft Fünen Gefahr, wegen eines dermaßen an den Tag gelegten Zugehörigkeitsbeweises vom griechischen Staat annektiert zu werden.

Im Jahre 1992 feierte die Welt mit teilweise bombastischen Feierlichkeiten die fünfhundertjährige Entdeckung des amerikanischen Kontinents. Ich fragte mich dabei, wie es ein einfacher Wollweberssohn hatte schaffen können, um die Wende vom 15. zum 16. Jahrhundert und selbst noch ein halbes Jahrtausend später eine ganze Welt zum Narren zu halten. Christoph Kolumbus, alias Cristoforo Colombo, alias Cristovão Colom, alias Cristóbal Colón wechselte so häufig seine Namen und läßt seine Herkunft und seine Vita derart im Dunkeln, daß Spionagespezialisten vom Schlage eines Markus Wolf gegen ihn geradezu gläsern wirken. Lebte er noch, würde er vermutlich sofort als Topagent in Pullach oder Moskau eingestellt. Man weiß nicht einmal, wann und wo er überhaupt geboren wurde. Er soll Genueser sein. Also Italiener. Er schrieb, der Geschichtsschreibung zufolge, allerdings nie Italienisch. Fest steht allenfalls, daß sein Groß-Daddy in der Nähe von Genua, genauer: im Tal von Fontanabuona, ein Wollwebergeschäft unterhielt. Dessen einziger Sohn Domenico Colombo (nicht zu verwechseln mit Inspektor Colombo) und angeblich der leibliche Vater des Delinquenten soll es neben einem Meistertitel in der Wollweberei auch noch zum beamteten Türsteher in Genua (allerdings nicht in einer Disco, sondern am Stadttor) gebracht haben. Von seiner Mutter, einer gewissen Susanna di Fontanarossa (wer nennt sich allen Ernstes schon „Rote Quelle"?), ist überhaupt nichts Nennenswertes überliefert. Chris (ich nenne ihn so, weil ich wegen seiner vielen Decknamen selbst schon den Überblick verliere) wuchs mit drei Geschwistern auf. Pellegrino, benannt nach dem gleichnamigen Mineralwasser, starb früh. Die Schwester Bianchinetta verschacherte er an einen Käsehändler, und Giacomo war vermutlich Vampir (er taucht zumindest tagsüber und auch in den Geschichtsbüchern nie auf). Nur Bartolomeo gelangte zu gewissem Ruhm, weil ihn Chris später zum Statthalter von Hispaniola, dem bekanntesten Piratennest in der Karibik, beförderte. Domenico, der Vater, mußte wegen Scheckbetrugs in den Knast, wurde Wirt (wer nix wird, wird Wirt) und meldete schließlich Konkurs an. Vermutlich war er selbst sein bester Gast. In dieser Zeit des Jammers und des Darbens leistete Chris immer wieder Bürgschaften für seinen total verschuldeten Vater. Mit welcher Sicherheit eigentlich? Unbestritten scheint nur, daß Chris schon früh wegen der wirtschaftlichen Dauermisere in seiner Familie als Wollkrempler jobbte. Also genau die richtige Betätigung, um später eine Flotte Seelenverkäufer über die Weltmeere zu befehligen. Schließlich jedoch warf er das Handtuch und zog sich dann aus den Geschäften zurück. Verständlich. Hätte wohl jeder in vergleichbarer Situation getan. Soviel also zu der Meschpoke Kolumbus. Noch Fragen?

Sie glauben wohl auch, daß weiland 1492 ein begnadeter Kapitän, mit seiner Santa Maria und den Schiffen Niña und Pinta im Anhang, von Spanien aus aufgebrochen war, um Amerika zu entdecken? Falsch! Chris gehörte zur damaligen Null-Bock-Generation. Er machte keine Lehre, er besuchte nicht einmal die Schule. Man befürchtet, daß er nicht mal richtig Rechnen und Schreiben konnte. Gute Voraussetzungen für einen aufstrebenden Admiral, was? Terrestrische und astronomische Navigation brachte er sich in Crash-Kursen vermutlich selbst bei. Nirgends ist zu lesen, daß er irgendwo irgendwelche Kurse an Seeschiffahrtschulen belegte. Im Vertrauen: Man weiß nicht einmal, wann er genau mit der Segelei anfing. Übrigens, nur zu Ihrer Beruhigung: Chris hat meines Wissens nie das Kapitänspatent erworben. Jedenfalls geben die Schriften hierüber nichts her. Nix Segel- oder Sportbootführerschein! In diesem Punkt ist er mir irgendwie sympathisch.

Aber nicht nur über seine Herkunft und sein Leben mag man sich wundern. Auch der bis heute an den Tag gelegte Kult um seine Person läßt eher den Vergleich mit Leuten wie Markus Wolf zu. Er wurde von gewöhnlich gut unterrichteten Kreisen als gut gebauter, mittelgroßer Mann, mit hohen Wangenknochen, mit ins rötliche gehender Gesichtshaut, Adlernase, hellen Augen und hellen Haaren beschrieben. Betrachten Sie die zahllosen Bilder unbekannter zeitgenössischer Maler oder auch nur die der Künstler Ghirlandaio Ridolfi oder Sebastiano del Piombo, dann bekommen Sie das Gefühl, einem Chamäleon gegenüberzustehen. Auf allen Bildern sieht der Kerl anders aus. Mal hat er weiße, mal pechschwarze Haare, mal eine Stubsnase, mal einen Gottschalk-Krüger-Zinken.

Er soll sein Leben zwischendurch als Deckshand im Mittelmeer finanziert haben. Böse Zungen behaupten, er hätte nebenher auch noch ein bißchen Piraterie betrieben. Jedenfalls legte er weiland in einem Brief an die spanischen Potentaten dar, wie leicht das Täuschen und Tarnen auf dem offenen Meer vonstatten ging. Er deutete hierbei vorsichtig an, zwischendurch einmal in einer Bierlaune eine Galeasse aus Aragon gekapert zu haben. Zum Zeitpunkt der Veröffentlichung dieses Briefes galt er allerdings schon als Volksheld und genoß unumschränkte Prokura. Man schmunzelte in Spanien viel eher über die Kurzweil, die er dem Königshaus mit dieser Geschichte anscheinend bescheren wollte. Keiner nahm ihm das ab, denn zum Zeitpunkt des Überfalls wäre er noch blutjung gewesen und verfügte mitnichten über irgendwelche gefestigten seemannschaftlichen Erfahrungen. Doch, wer weiß? Daß der Brief schließlich verlorenging, versteht sich wohl von selbst.

Ach ja, und da kursiert noch diese Story, wonach er auf seinem Mastix-Schiff unterhalb von Gibraltar von den bösen Franzosen angegriffen worden sein soll. Angeblich Piraten. Unser Held konnte natürlich von dem brennenden Schiff ins Wasser springen und die lächerlichen sechs Seemeilen in voller Montur zum Ufer schwimmen. Klar, wo man doch weiß, wie gut die Leute früher schwimmen konnten. Sein Schiff versank mit Mann und Maus in den Fluten, die Piraten entschwanden unerkannt. Merkwürdig, nicht? Seine ersten Artikel über Seemannschaft blieben dessenungeachtet allerdings praktisch ungelesen. Was soll man auch mit Ergüssen anfangen, die beschreiben, wie man mit einem Stück Eisen die Kompaßnadel auf dem eigenen Schiff ablenkt, um unter der Mannschaft Verwirrung auszulösen? Mich allerdings hat dieser Hinweis geradezu elektrisiert.

Schließlich schlug für ihn die Sternstunde als Navigator. Im Jahre 1477, längst in portugiesischen Geschäften tätig, begab er sich auf eine Schiffsreise nach England und Irland. Hier stand er plötzlich, nach eigenen Angaben völlig überrascht, Leuten aus dem sagenumwobenen Catai, dem heutigen China, gegenüber. So will er vor der Küste von Irland einen merkwürdig gekleideten Mann und die ebenso seltsame Erscheinung einer Frau in Booten auf dem Wasser treibend entdeckt haben. Seien Sie also vorsichtig, wenn Sie demnächst mit leerem Tank und bei Flaute nördlich von Fastnet Rock herumdümpeln. Es könnte also sein, daß man Sie auf Kantonesisch anspricht. Auf jeden Fall soll ihm bei einem Fläschchen Wein die Idee gekommen sein, den Handelsweg nach Asien anstatt rund Kap der Guten Hoffnung, der sich ohnehin schon fest in portugiesischer Hand befand, querbeet über den Ozean zu suchen. Um nach Osten zu kommen, einfach nach Westen steuern! So einfach war das! In diesem namenlosen Gewässer vor der irischen Küste wurde also Navigationslehre geschrieben, auch wenn sie von verschiedenen neuzeitlichen Seefahrtschulen in dieser Form nicht mehr angewandt wird. Wieso eigentlich nicht?

Jedenfalls ließ ihn diese Idee nicht mehr ruhen, und er begann mit seinem Bruder Bartolomeo (dem späteren Gouverneur einer Pirateninsel) zu allem Überfluß auch noch Seekarten zu zeichnen. Man muß sich das auf der Zunge zergehen lassen. Ein gelernter Wollkrempler zeichnet Seekarten. Die sogenannten Portolane, die von allen Seefahrernationen der damals bekannten westlichen Welt verwandt wurden. Das ist so, als würde heute ein Wohnmobilist Seehandbücher schreiben.

In der damaligen Zeit galt schon die Navigation als keine sonderlich genaue Wissenschaft. Heute übrigens ebenso nicht. Ich lade Sie mal auf einen kurzen Trip von Nieuwpoort nach Ramsgate ein. Da werden Sie schon sehen. Allerdings bemühe ich mich, wenigstens noch Kartenmaterial aus diesem Jahrhundert zu verwenden. Bei der damaligen Herstellung von Seekarten, also dieser Pergamentblättchen, auf denen als willkommene Randverzierung kleine Puttenengel von Michelangelo mit aufgeblähten Nüstern den Wind in die vier Richtungen blasen, waren der Fantasie des Zeichners wie hinterher auch des Navigators praktisch keine Grenzen mehr gesetzt. Wie wurde früher derartiges Navigationsmaterial angefertigt? Haben Sie „Schtonk", den Film über die Hitler-Tagebücher, im Kino oder auf der Mattscheibe gesehen? Jetzt wissen Sie ungefähr, wie es seinerzeit bei der Herstellung zuging. Erst einmal wurden weingeschwängerte Prahlereien der Küstenschiffer, die Erinnerungen meist seekrank gewordener Kaufleute und die frommen Wünsche der reiselustigen Missionare gesammelt. Dieses Sammelsurium an hausgemachtem Seemannsgarn warf man in einen Topf, rührte alles tüchtig durch und schüttete es schließlich noch brühwarm auf einem Pergament aus. Hier wurde es mit einem Spaghettikamm verteilt, und fertig war das Grundmuster der Seekarte. Hinzu kamen Gezeitentabellen aus Moses' 1. Buch Genesis (Tidenverhältnisse Mittelmeer; Bezugsort Berg Ararat) und Revierhinweise des seligen Ptolemäus (Äquatorzone: heiß; nicht bewohnt; lohnt nicht, hinzufahren). Und notfalls gab's ja auch noch die Odyssee von Homer.

Was aber machte der Kartograph, wenn es um Gegenden ging, in die sich wirklich noch kein menschliches Wesen verirrt hatte. Weiße Stellen sollte es nämlich nicht geben. Null Problemo! Man schaute nach, was es aus den landläufig bekannten Sagen und möglichst wegen etwaiger Urheberrechte nur mündlich überlieferten Märchen Wissenswertes herauszusaugen gab. Da geisterte seinerzeit die Geschichte über einen christlichen Priesterkönig (den Namen nenne ich nicht, die Sache ist so schon peinlich genug) durch die damalige Fachliteratur, der einem Bericht eines gewissen Paters zufolge „irgenwo im Osten oder im Süden" (man beachte die Formulierung „oder") eine Bananenrepublik unterhalten sollte. Dann gab's da noch den Mythos einer Atlantikinsel, auf die – man höre und staune – Anfang des 8. Jahrhunderts(!) eine Horde Bischöfe (immer dieser Klerus!) vor den anrückenden Muselmanen geflüchtet sein und ebenfalls eine Bananenrepublik ausgerufen haben soll. Wo dieses sagenumwobene Antilia nun genau lag, wußte allerdings keiner so genau. Aber darum ging's auch gar nicht. Auf jeden Fall fehlte auf keinem Übersegler (z.B. PO 2: Portugiesische Westküste bis Catai und Cipangu) der damaligen Zeit die Angabe dieser Inseln. Und heute? Prüfen Sie etwa eine Seekarte des Bundesamtes für Seeschiffahrt und Hydrographie dadurch nach, daß Sie alle Wassertiefen und Prielbreiten mit dem Zollstock nachmessen? Wenn Sie auflaufen, wissen Sie schon, daß etwas nicht stimmt. Reklamationen ausgeschlossen. Das galt damals schon wie heute.

Chris hatte aber auch noch ein anderes Problem. Die Inquisition im ausgehenden Mittelalter ließ die Menschen trotz der Lehre des Pythagoras zunächst noch in der Gewißheit aufwachsen, daß die Erde eine Scheibe ist. Erst als sich auch für die Heilige Mutter Kirche Anfang des 15. Jahrhunderts die unerschöpflichen Reichtumsreserven im Osten auftaten, begann ein gewisses Umdenken. Das Dogma des Papstes wich ökonomischen Grundgedanken. Es war nämlich wesentlich leichter, den verängstigten Seeleuten die Fahrt nach Catai und Cipangu (dem heutigen Japan) schmackhaft zu machen, wenn die Erde kugelförmig war. Obwohl einige Geistliche sich skeptisch zeigten (Stehen die Leute auf den Antipoden etwa auf dem Kopf?), setzte sich die Idee bald durch. Die Angst über den Tellerrand zu fallen wich langsam. Als tiefreligiöser Mensch klammerte sich Chris an die Bibel. Ergab sich nicht aus der „Apokalypse", daß die Erde von sechs Teilen Land und einem Teil Wasser bedeckt war? Damit durfte der Weg von Portugal nach China eigentlich nicht länger sein als ein Chartertrip während der Schulferien.

Und behaupteten Seneca und Plinius nicht ähnliches? Und gab es da nicht den schriftlich skizzierten Vorschlag eines gewissen italienischen Skippers mit Namen Toscanelli, der dem portugiesischen Königshaus vorgeschlagen hatte, nach Westen zu segeln, wenn man zum Ursprung von Gewürzen, Edelsteinen, Gold und Geschmeide in den Ostteil der Welt wollte? Hörte sich doch alles einleuchtend an, gell?

Jener Toscanelli hatte auch noch ganz mutig eine Karte gezeichnet und behauptet, von Portugal bis zum bereits erwähnten Antilia (das es überhaupt nicht gab) seien es 6500 Meilen und von dort bis nach Japan nochmals 2500 Meilen. Zwar nicht gerade ein Sonntagstrip, aber immerhin. Die Karte soll nie gefunden worden sein, dennoch behaupten zeitgenössische Kritiker, Chris hätte sie bei seiner großen Überfahrt an Bord gehabt. Beide, Chris und Toscanelli, hatten jedoch von Kartographie und Navigation soviel Ahnung wie die berühmte Kuh vom Tanzen. Schon Ptolemäus hatte sich bei der Abschätzung der bislang bekannten Erdmasse kolossal verschätzt. Chris mischte nun dessen Erkenntnisse mit den Weisheiten eines gewissen Marco Polo, der seinerseits die Festlandausdehnung von Europa und Asien völlig falsch bewertet hatte, und war immer noch nicht zufrieden. Die Entfernungen waren immer noch zu groß. Also wurde das Festland um knapp 30 Längengrade ausgedehnt, wurde Japan ein paar tausend Seemeilen östlicher von China auf der Seekarte verzeichnet, und schon ergab sich eine Ausdehnung des Ozeans zwischen Lissabon und Cipangu von lächerlichen 70 Längengraden. Na schön, aber was bedeutet schon ein Längengrad? Hier schlich sich ein weiterer Fehler in Chris' Berechnungen ein (ein Wollkrempler soll eben Wolle kämmen und die Kartographie Fachleuten überlassen!). Irgendwo in einer Uni-Bibliothek stieß er auf das Wissen eines gewissen arabischen Astronomen, der schon geraume sechshundert Jahre tot war. Das war günstig, denn der konnte sich nicht mehr wehren. Der muselmanischen Denkweise zufolge betrug ein Längengrad am Äquator 60 Seemeilen oder etwa 110 Kilometer (der Junge war clever, was?). Chris war jedoch der mohammedanische Kram zuwider und stützte sich lieber auf die römische Meile. Peinlich, daß die ca. dreißig Prozent kürzer ausfällt. Dadurch schrumpften die Distanzen noch mehr. Ende vom Lied: Der Ozean zwischen Europa und Asien maß zwar beinahe 20000 Kilometer, der Weg bis Japan wurde aber nur noch mit viertausend Kilometern veranschlagt. Was ihn und seine Mannschaft vor den Folgen dieser irren kosmographischen Wahnvorstellung letztlich rettete, war eine kleine Inselgruppe in der Karibik, die ihm zum Glück irgendwann den Weg versperrte, bevor ihn seine Crew mit einem Vierzöller an den Mast nageln konnte.

Dessenungeachtet schlug Chris dem damaligen Potentaten von Portugal, Johann II., eine Erkundungsreise nach Westen vor. Der wiederum rief sofort einen königlichen Untersuchungsausschuß ins Leben. Diese Mathematikerclique zerriß die Idee des ehemaligen Wollkremplers förmlich in der Luft. Jahrhundertelang noch würden die Geschichtsschreiber diese Mitglieder der königlichen „Junta" als klerikal-borniert, weltfremde Laien abtun. Mag sein, daß ein paar dieser würdevollen Gesellen tatsächlich geistig noch im Mittelalter lebten, aber eines verstanden die Burschen wahrscheinlich besser als der Sohn des Wollwebers: Sie konnten vermutlich besser rechnen und sahen ihn und seine Mannschaft schon im Geiste als Besatzung einer frühen Marie Celeste verhungert und verdurstet über die bis dato noch unerforschten Weltmeere hierhin und dorthin treiben.

Chris wechselte den Arbeitgeber, erkannte jedoch recht bald, daß man auch beim spanischen Hofe ohne die nötige Vitamin-B-Spritze nicht allzuweit kam. Er schrieb sich in ein Kloster ein und überzeugte die dort ansässigen Kosmographen von seinem „Seeweg-nach-Indien-Plan". Hier wurde er belehrt, daß er sein Vorhaben nicht nur auf die Erlangung irdischer Güter stützen durfte. Vielmehr schlug man ihm vor, seinem Treiben doch eine neue Ideenrichtung zu geben. So begann er vom Untergang der Welt zu faseln und begründete den schnellen Aufbruch gen Westen (also nach Osten, kapiert?) damit, daß man vor dem jüngsten Tag den dort lebenden Heiden noch schnell das Christentum aufbürden sollte. Erst begeisterte sich die Heilige Mutter Kirche für den Plan, als er

aber zu sehr auf seinen Vornamen Cristopherus („Christusträger")
herumritt und sich als von Gott Auserwählter bezeichnete, zeigten
sich die Kommissionsmitglieder gegenüber dem Guru von eigenen
Gnaden mehr und mehr mißtrauisch. Wo sollte es wohl hinführen,
wenn sich ein gelernter Wollkrempler als alttestamentarischer
Prophet aufführte? Wäre er wenigstens Zimmermann gewesen,
hätte man sich gegebenenfalls eher geneigt gezeigt.
Was kommen mußte, trat ein. Er fiel mit seinem Vortrag auch vor
der Kommission von Salamanca, der damals wohl berühmtesten
Uni in Spanien, mit Pauken und Trompeten durch. Ja, man setzte
sogar noch eins drauf, indem man sich auch für die Zukunft vor
derart schwachbrüstigen Spinnereien verwahrte. Er solle besser seinen Unterhalt wieder mit der Wollkämmerei aufbessern, als die
Experten des Königs mit derart wirren Ergüssen zu langweilen.
Wahrscheinlich hatte es sich von Fakultät zu Fakultät auch schon
international herumgesprochen, welch ein Mumpitz den Herren
Professoren da von Fall zu Fall aufgetischt wurde.
Chris widmete sich anstatt dessen wieder seiner hauseigenen Karten-
malerei und ließ sich von einer gewissen Beatriz aushalten. Seiner
Arbeit mußte er jedoch nicht sehr lange nachgehen. Überraschend
konnte das spanische Königshaus den letzten muselmanischen
Großmufti eins überziehen, wonach auch Granada, die letzte
Hochburg der Heiden, spanisch-christlich wurde. Entweder waren
die Potentaten vom jahrelangen Kriegspielen pleite und erhofften
sich auf diese Weise neuen Reichtum, oder es fiel ihnen jede Menge
Kohle in die Hände, auf die bereits das hochwohllöbliche Finanzamt
Ihrer Heiligen Inquisition lauerte. Möglicherweise um Gelegenheit,
diese Geldmittel von der Steuer abzusetzen, ziemlich verlegen, ent-
sann man sich schließlich wieder den absurden Ideen dieses angeblich aus Genua stammenden Wollkremplers mit dem kosmographischen Weltverständnis eines Analphabeten. Die erneut
einberufene Expertenkommission bezog ihre Prüfung gemäß kö-
niglichem Dekret jetzt weniger auf die reale Machbarkeit, sondern
eher auf die Finanzierbarkeit des Plans. Seine Felle endlich auf dem
Trockenen wähnend, begann Chris mit dem Königshaus von Spa-

nien zu pokern. Ja, er wäre bereit, sich und seine Ideen in den Dienst der Krone zu stellen, aber nur unter der Bedingung, daß er für sich einen Adelstitel in Spanien und den Rang eines Großadmirals beanspruchen konnte. Zudem forderte er naßforsch zehn Prozent der Einnahmen, das Recht an allen GmbHs in der Neuen Welt, ferner das Richterrecht, den Thron eines Vizekönigs und den Job eines Bundeskanzlers (mit der Möglichkeit, einen hauseigenen Beamtenapparat aufzubauen). Damit wäre er praktisch mit allen Rechten ausgestattet gewesen, um sein eigenes Königreich aufmachen zu können, und das ging dann selbst Isabella von Kastilien ein bißchen zu weit. Man fand dennoch eine Lösung. Adlig und Admiral konnte er werden. Das war preiswert und kostete nix. Über alles Weitere wollte man befinden, sobald er mit der frohen Kunde der Entdeckung des Seeweges nach Westen (also nach Osten) zurückkam. Ein Investor (auch damals gab's üble Zocker und Börsenspekulanten) war ebenfalls rasch gefunden, und so konnten Bella und Ferdi von Spanien sich gemütlich in ihren Thron zurücklehnen. Ein finanzielles und politisches Risiko bestand nicht. Erlitt Kolumbus Schiffbruch, so war dies nur die fehlgeschlagene Expedition eines Schiffsmagnaten. Kam er zurück, konnte man in aller Ruhe die mitgebrachten Reichtümer einheimsen und die entdeckten Länder vom warmen und sicheren Spanien aus annektieren.
Ich will es kurz machen. Was sich jetzt abspielte, darf man getrost als den größten Dusel in der Geschichte der christlichen Seefahrt bezeichnen. Man stelle sich vor: Da legt einer mit drei Nußschalen, die vom Rigg her allenfalls vor dem Wind segeln konnten, ohne berichtigte Seekarten mit einer Mannschaft vermutlich aus Schwerverbrechern (vernünftige Seeleute winkten schon beim ersten Anheuerungsgespräch lauthals lachend ab) mitten in der Wirbelsturmzeit ab, um vom europäischen Festland aus irgendein nebulöses Etwas am anderen Ende des Ozeans zu erreichen. Wenn es Amerika nicht gegeben und er überdies genügend Proviant dabeigehabt hätte, wäre er mit Sicherheit irgendwo auf den Riffen des Tuamotu-Archipels oder vor Fidji, den Sandwichinseln oder sonstwo im Pazifik gestrandet. Der Junge hatte bei seiner Entdeckung von Ame-

rika soviel Glück wie mein Freund Klaus, der sich vor ein paar Jahren im Nebel bei der Ansteuerung von Bremen schwer vertat, schließlich in der Elbmündung landete, wegen der extremen Strömung nicht umkehren konnte und dadurch mangels angeschaffter Seekarten den Weg herauf bis Hamburg mit den Angaben aus einem uralten Autoatlas finden mußte. Seine Frau ist seitdem von Zeit zu Zeit gezwungen, ihre ehemals pechschwarzen Haare mit extremen Haarfärbemitteln von schneeweiß auf halbwegs dunkel umzukolorieren.

Die Ausrüstung der drei Schiffchen verschlang umgerechnet gewaltige dreißigtausend Mark, die Vorbereitungszeit war bereits nach zwei Monaten abgeschlossen. Wie gesagt. Da geistert immer noch die Wahnvorstellung durch die Geschichtsbücher, Isabella hätte für Kolumbus' Fahrt all ihren Schmuck geopfert. Alles Lüge. Vermutlich hätte schon ein Diamantenkollier gereicht. Am 3. August 1492 ging 's los. An einem Freitag! Na, zum Glück war es wenigstens nicht der 13. Auf dem Rio Odiel liefen die Boote beinahe noch auf eine Sandbank. Schade eigentlich. Sonst wären uns vermutlich bis heute Errungenschaften wie Micky Maus, McDonalds und Coca-Cola erspart geblieben. Wie dem auch sei, erst einmal ging es zu den Kanarischen Inseln. Die waren von Neckermann und TUI aber anscheinend so überfüllt, daß sich Chris gleich wieder aufmachte. Dem Käpt'n der Pinta gefiel es aber anscheinend gut auf den Kanaren. Plötzlich brach sein Ruder, und das Schiff machte überdies Wasser. Flottillentörns waren schon vor fünfhundert Jahren eine Strapaze für den Organisator. Man tauschte gegenseitig freundliche Anschuldigungen aus, wobei Worte wie „Saboteur", „Spielverderber" und „Feigling" noch zu den wenigen druckreifen Ausdrücken zählten. Die Pinta wurde wunschgemäß repariert, und die Niña erhielt ein höheres Sportrigg mit Backstagen. Ob sie überdies wirklich mit einem Spinnaker ausgerüstet wurde, ist nicht bestätigt. Am 9. September desselben Jahres ging's dann endgültig los.

Kolumbus, der nie Skipper einer Segelyacht war, ließ es sich als Großadmiral trotzdem nicht nehmen, selber zu navigieren. Nun

54

gibt es auf dem Atlantik allerdings nicht viel zu navigieren angesichts der Pergamentblättchen mit den luftpustenden Puttenengelchen und den Proportionen von Land und Meer auf den Seekarten, die den verschiedenen Expertenkommissionen in Portugal und Spanien weiland das Wasser in die Augen hatte schießen lassen. Mit Booten, die ohnehin nur vor dem Wind segeln können, gab es zudem auch nicht viel zu manövrieren. Also konnte man sich die Navigation ohnehin schenken. Westward, ho! Kolumbus steckte jeden Tag die bewältigte Wegstrecke brav anhand des Kompaßkurses ab. Von Gomera bis über den Atlantik wurde also nur gekoppelt. Also, wenn ich nachts bei der Ansteuerung der Westfriesischen Inseln meine rotgeränderten Augen ungläubig zwischen Seekarte und Display des GPS hin und her zappen lasse, beruhige ich mich neuerdings immer damit, daß es Kolumbus auch ohne den ganzen elektronischen Firlefanz hundertmal weitergebracht hat. Nur die Tatsache, daß der Passat keine Umkehr zuließ, bewahrte ihn davor, nachts über Bord geworfen zu werden und der nach Osten umdrehenden und nach Spanien zurückfahrenden Flotte hinterherblicken zu müssen. Zwischendurch änderte er einmal für kurze Zeit seinen Kurs nach Westnordwest, weil einer seiner Männer Land gesehen haben wollte. Das mußte sich jedoch immer noch gut tausend Seemeilen von den Kariben entfernt als Trugschluß erweisen.

Irgendwann muß es so etwas wie eine Meinungsverschiedenheit zwischen Mannschaft und Admiral gegeben haben. Jedenfalls ließ er sich (wahrscheinlich war ihm nach wochenlangem Herumirren auf See sowieso schon alles egal) überreden, den Kurs etwas mehr nach Süden zu ändern. Wäre er allerdings auf dem alten Kurs geblieben, hätte er tatsächlich Amerika entdeckt und in der Nähe von Disneyland Anker werfen können. Ein gewisser Rodrigo, Ausguck auf der Pinta, rief schließlich die magischen drei Worte (nein, nicht: Ich liebe dich, sondern) „Land in Sicht!". Er versprach sich durch diese kühne Behauptung Anspruch auf die von Kolumbus ausgesetzte Belohnung von mehreren Tausend Geldstücken, die ihm der Großadmiral jedoch vorenthielt, weil dieser selbst hinterher behauptete, er hätte das Land als erster entdeckt und was Rodrigo, mißmutig geworden, veranlaßte, in den Berufsstand der Piraten einzutreten.

Soviel also zur Erforschung des Seewegs nach Westen (pardon, daß ich mich wiederhole: also nach Osten), zur Integrität eines großartigen Seemannes und zur Entdeckung der Neuen Welt. Was Kolumbus wirklich entdeckte, waren ein paar armselige Inselchen, die das spanische Königshaus nicht die Bohne interessierte. Also war es Essig mit Reichtum, Vizekönigswürde und Ansehen. Von wegen Seeweg nach Indien.

Amerigo Vespucci und Marco Polo treffen sich wie jeden Mittag in der Kantine im Himmel. Amerigo reicht Marco sein Tablett, und geduldig warten sie darauf, daß sie zum Mannaempfang an der Reihe sind. Schließlich drehen sie sich um und suchen sich einen freien Platz. Plötzlich stößt Amerigo den Marco an und wispert: „Mensch, Marco. Ist das nicht der, der ...“

Marco blickt in die Runde und erblickt ebenfalls den Mann mit den weißen Haaren und dem rötlichem Gesicht an einem benachbarten Tisch.

„Du hast recht“, stammelt Marco Polo. „Das ist Christoph. Der ist aber erst spät hochgekommen.“

Sie gehen gemeinsam auf den Neuankömmling zu und begrüßen ihn.

„Mahlzeit, Herr Großadmiral“, sagt Amerigo. „Das ist aber nett, Sie hier zu treffen.“

Der Alte schaut kaum auf. Marco versucht die Stimmung etwas zu lockern.

„Gestatten, mein Name ist Polo. Marco Polo. Sie wissen schon. Der Venezianer.“

„Ach was“, knurrt der Alte.

„Aber Christoph“, rügt ihn Marco Polo vorsichtig. „Du wirst uns doch kennen. Ich habe China entdeckt, und nach Amerigo ist der neue Erdteil benannt. Sie wissen schon. Donald Duck. McDonalds.“

„Was Sie nicht sagen“, murmelt der Weißhaarige gelangweilt.

„Na, komm schon, Cristopher“, meint Amerigo und klopft ihm auf die Schulter. „Lassen Sie mich Ihre Hand drücken. Wahnsinnsleistung. Sie haben schließlich Amerika entdeckt."

Das Gesicht des Angesprochenen verfärbt sich noch eine Spur röter. „Ich habe was entdeckt?"

„Na, Amerika. Den neuen Kontinent. Sie hatten die ganze Zeit recht. Es gibt ihn wirklich!"

„Quatsch", entrüstet sich der Alte. „Ich habe den Seeweg nach Indien erforscht und die vorgelagerten westindischen Inseln entdeckt!"

Marco mischt sich ein. „Sorry, Admiral. Sie haben etwas viel Wichtigeres entdeckt. Einen völlig neuen Kontinent. Amerika."

„Was für einen neuen Kontinent?" murrt der Alte. „Wollt ihr mich verarschen, oder was? Es gibt keinen neuen Kontinent!"

Marco ist am Ende seines Lateins und zuckt gegenüber Amerigo verständnislos mit den Achseln.

„Doch, doch, werter Großadmiral", beschwichtigt Vespucci. „Alle ihre Berechnungen waren falsch. Zum Glück. Sonst hätten Sie Amerika nie entdeckt. Asien liegt ganz woanders."

Der Weißhaarige stampft wütend mit dem Fuß auf und brüllt in den Saal: „Meine Mannschaft zu mir! Subito!" Drei Männer erscheinen.

„Was haben wir feierlich gelobt, als wir zurück nach Spanien gesegelt sind?" fragt er in die Runde.

„Wir haben das Festland von Asien erreicht!" ruft der Schiffszimmermann.

„Jawohl, Asien. Wahrscheinlich sogar Japan", bestätigt der Bordkoch.

„Nichts ist unmöööööglich!" brüllt der verwirrte Steuermann.

„Und du willst mir erzählen, ich wäre nie in Asien gewesen? Mach dich doch nicht lächerlich! Wie sollte dieser Kontinent noch mal heißen?"

(ziemlich frei nach Tucholsky)

Unter Geiern

Was macht ein Pärchen bestehend, aus einem netten jungen Mann und einer ebenso netten jungen Frau, wenn so langsam die ersten warmen Sonnenstrahlen hinter den Altostratuswolken herauskommen und ein warmer Südwestwind den letzten Schnee von den Bergen treibt. Na, na! Behalten Sie Ihre aufkommenden Frühlingsgedanken für sich! Das ist hier ein Fachbuch und keine Softpornopostille. Nein, ernsthaft! Die einen planen schon den Hotelurlaub für den kommenden Sommer auf den Malediven, andere schieben ihren eingemotteten Cabrio aus der Garage und beginnen die Patina des letzten Herbstes abzupolieren. Glückliche Menschen. Was macht denn ein Seglerpärchen, bestehend aus einem netten jungen Mann und einer ebenso netten jungen Frau im Frühling? Besonders dann, wenn sie im letzten Spätsommer ihre alte Schaluppe verhökert haben? Urlaub im Romantikhotel zwecks Planung des Nachwuchses? Eine Möglichkeit. Chartern in Griechenland oder auf den Balearen? Die andere Möglichkeit. Auf Bootssuche gehen? Oh, Gott!

In einem solchen Katastrophenfall verbringen meine beste Steuerfrau von allen und ich die ersten beiden Märzwochen gewöhnlich damit, auf der letzten Bootsausstellung mitgenommene Prospekte zu wälzen und unangeforderte Angebote der Werften und Bootshändler auszuwerten. Ich frage mich manchmal, wie die überhaupt an unsere Adresse herankommen. Wenn einer von denen auch nur im entferntesten riecht, daß da einer ein Boot sucht, dann kommen Sie wegen des Epizentrums der Prospektlawine, in der Sie sich urplötzlich wiederfinden, nicht mehr daran vorbei, für die nächsten fünfundzwanzig Jahre einen Extracontainer für Altpapier zu bestellen. Übrigens, eine Löschung Ihres Namens aus der hauseigenen Datenbank der Bootshändler zu verlangen ist nutzlos und zwecklos. Von einer holländischen Werft bekomme ich treu und brav jedes Jahr Einladungen zu den Bootsmessen, zu sogenannten „Tagen der offenen Tür" und zu Testsegelveranstaltungen. Selbst der Hinweis mit dem Holzhammer, man habe sich gerade eine viel schönere, viel bessere Yacht eines Konkurrenten angeschafft und lege auf diese üblen Gurken, die man keinem Esel anbieten dürfte, absolut keinen Wert mehr, fruchtet nicht. Die Offertenwelle schwappt weiter. Da sind die Jungs eisern und unnachgiebig. Wir trauen uns schon kaum noch, länger als eine Woche Urlaub zu machen. Unser Briefkasten leidet bereits am dritten Tag nach unserem Aufbruch an pathologischer Verstopfung. Ich erinnere mich noch gut an das Frühjahr eines längst vergangenen und vergessenen Jahres.

Die Sparta 20 beispielsweise wurde als segelfertiges Komplettboot zu einem sogenannten Einsteigersonderpreis von knapp 20.000 DM angepriesen. Eigentlich kam man als zum Kauf entschlossener Interessent an diesem Angebot gar nicht vorbei. Wenn da nicht die zwei DIN-A4-Seiten-lange Aufpreisliste gewesen wäre. Als ich einmal Grundausstattung und „Sonderausstattung laut Liste" gegenüberstellte, stellte ich fest, daß der Begriff „segelfertig" allenfalls dann seine Richtigkeit hatte, wenn man das Boot im hauseigenen Swimmingpool oder auf einem Baggersee im Niemandsland segeln wollte. Eigentlich bestand das Sechsmeterboot nur aus Rumpf, Deck, ein paar als Segel bezeichnete Stofflappen und vier Strippen, die als Schoten und Fallen ausgewiesen waren. So unbedeutende Ausrüstungsgegenstände wie Winschen, Anker, Festmacher und Fender betrachtete der Werftbesitzer als ebensowenig zum Segeln zwingend erforderlich wie Beleuchtung, Antifoulinganstrich und Motorhalterung. Wer mit der Sparta 20 in der Grundausstattung segeln wollte, mußte schon knallharter Purist sein und überdies über eine schaumgummigepolsterte Anlegebox verfügen. Scheuerleiste gab's natürlich auch nur gegen acht Blaue Aufpreis. Unter dem Strich hätten wir gut 30.000 DM auf den Tisch des Hauses legen müssen, um nach Verlassen des Hafens auch nur halbwegs sicher das gegenüberliegende Ufer unseres Binnensees erreichen zu können. Und selbst dabei hätte die Waschpo schon alle Hühneraugen zudrücken müssen.

Die nächste Offerte betraf die Dingenskirchen 22, auch landläufig als „Fruchtzwerg" (Will hier jemand was Gutes aus Plastik? Mit

viel Plastik? Und noch mehr Plastik?) bekannt. Ein echter Joghurtbecher. Selbst die Konsistenz des Decks machte dem Inhalt der
Verpackung alle Ehre. Der Aufpreiskatalog umfaßte zwar nur eine halbe DIN-A4-Seite, dafür aber war der Zeilenabstand auf dem
Blatt so schmal gehalten, daß man die ans Unverschämte grenzen-
den Zubehörpreise sowieso kaum entziffern konnte. Diese etwas
über sechseinhalb Meter lange Hostalenschüssel mit dem abge-
speckten Piratenrigg überstieg fertig ausgerüstet locker die Vier-
zigtausendmark-Schallmauer. Ich bastelte rasch die Kollage einer
untergehenden Titanic aus den Prospektfotos und schickte sie an
die Werft zurück, ohne mir den Hinweis verkneifen zu können,
wohin sich der Konstrukteur diese Mißgeburt schieben durfte.
Ach, Sie kaufen nur Gebrauchtboote? Sie wollen das Objekt Ihrer
Begierde erst in natura sehen, bevor Sie den Kaufvertrag unter-
schreiben? Sehr vernünftig! Getreu dem Wahlspruch: Kaufe nie-
mals was mit Mast, das du vorher nicht getestet hast. Aber um
Himmels willen! Gehen Sie nur ja nie Anfang März auf Gebraucht-
bootsuche. Das ist wie Brautschau im Keller. Bei herausgedrehten
Sicherungen. Nach ein paar Osmoseabenteuern mit schwachbrüstigen Franzbranntweinschiffen ... Kennen Sie nicht? Das sind diese dünnhäutigen französischen Großsurfbretter, die sie nach der
Auslieferung durch den Händler nur noch mit einer gehörigen täglichen Ration an Branntwein ertragen können. Also, nach ein paar
dieser Abenteuer verfielen wir dem Wahn, man könnte es ja mal
mit einem Sperrholzboot probieren. Uns war von Bekannten eine
dieser anscheinend mit der Motorkettensäge am Heck auf Trailer-
größe zurechtgestutzte Holzkiste ans Herz gelegt worden. Beim ersten Anblick bleibt einem dann aber auch gleich der Schrittmacher
stehen. Und so kam es, daß wir uns mit dem am Telefon äußerst
redseligen Eignerpaar an einem trüben kalten Märzwochenende
zu einer Besichtigung trafen. Heimeliger konnte die Präsentation
nun wirklich nicht mehr ausfallen. Wir stapften im Schneegestöber
über das teils verschneite, teils vermatschte Werftgelände, ich ver-
saute mir meine besten Slipper, und meine Steuerfrau fror wie ein
junger Hund, weil sie sich auf Grund der milden Temperaturen

bei uns zu Hause in der Zivilisation zu damenhaft-elegant angezogen hatte. Das Boot stand hoch aufgebockt in einem Stahlgestell und war von einer orangefarbenen Kunststoffplane vollständig bedeckt. Meine in feinstes Kaschmir gewandete Begleitung murrte, sie wolle ein Boot, das so wie die anderen Boote aussah, und kein Sperrholzkistchen mit platter Nase und einem Decksaufbau, das an den Schnabel des berühmten Entenhausener Erpels erinnerte. Das Eignerpaar stieg vor uns die wacklige Metalleiter hoch, wir folgten mit am Nullpunkt angekommener Begeisterung. Mit Mühe zwängten wir uns durch die handtuchbreite Öffnung in der Plane, wobei meine schneeweiße Nylonjacke mit dem Aufdruck „Segeln macht frei!" die Motorhalterung vom dick aufgetragenen Schmierfett befreite. Die Verkäufer waren vorgegangen, um „das Boot ein wenig herzurichten". Meine Begleiterin fragte schon ziemlich aufmüpfig, was es da noch herzurichten gab.

Die Beschlagsanordnung machte den Eindruck, als wäre sie aus der Grabbelkiste vom Flohmarkt entnommen. Ich warf einen Blick auf die Winschen, Hebelstopper und Umlenkrollen. Alles vom Feinsten, alle Achtung! Sehr flexibel! Mit dem Fingerknöchel klopfte ich vorsichtig gegen den Decksaufbau. Das klang genauso hohl wie die Versprechungen am Telefon! Ich öffnete die einzige Backskiste, die sich im Heck befand, und brachte ein paar Taubunsche, mit denen man jederzeit im Zirkus als indischer Seiljongleur hätte auftreten können, zum Vorschein und starrte auf ein bunt gemischtes Sammelsurium schwarzgeschecktter Fender (schwarzer Teer auf weißer Haut) der Dimension „Wiener Würstchen", eine hölzerne Badeleiter, in deren Rott auch der widerstandsfähigste Wurm ertrinken mußte, und jede Menge anderen Plunder, den ich bis dahin noch nie gesehen hatte. Der Pflegezustand der Einzelteile schien gut. Jedenfalls konnte ich auf Grund des Rostes und der Schimmelteppiche keine nennenswerten Schäden erkennen.

Nach ein paar Minuten wurden wir ins Bootsinnere gerufen. Die Freundin des Skippers hatte eine runde, hohe Drahtröhre vor sich stehen, über der sie sich mit tränenden Augen die klammen Hände rieb. Das sei die flexibel angeordnete Petroleumheizung, klärte sie

uns zwischen zwei Erstickungsanfällen auf. Der junge Mann kochte gerade auf einem einflammigen Kartuschengaskocher Wasser für einen Kaffee. Dabei hielt er den Kocher mit der einen Hand und den Wasserkessel mit der anderen fest. Ah, die wegräumbare Pantry. Sehr gediegen! Schon beim Hereinkrabbeln in die enge, dunkle Kajüte sank dann der Rest unseres sowieso schon der Außentemperatur entsprechenden Interesses bis auf Gefriertruhentiefe. Mein Gott, was für ein Sarg! Rechts, links, oben und unten nur Sperrholz. Man kam sich vor wie auf einer unterdimensionierten Kegelbahn. Die Sitzbänke waren niedrig, die Knie hatte ich beim Niederkauern bereits rechts und links neben den Ohren, und meine Steuerfrau erlitt bei dem Versuch, sich unter den hölzernen Querleisten des Daches aufrecht hinzusetzen, nur deswegen keine Gehirnerschütterung, weil sie von meinen schon Legende gewordenen Patenthalsen abgehärtet genug war. Im Vorschiff befand sich eine Doppelkoje, die auf mich eher den Eindruck einer hölzernen Bratröhre machte. Meine Steuerfrau rief entzückt: „Oh, sieh nur! Ein Holzkaschperltheater!" Überall knarrte und quietschte es, die Bodenbretter verrutschten beim Drauftreten, und wir wollten nur noch eines! Zum Casting für eine Rolle neben Richard Kimble.
Folgende Woche: Neues Spiel und neues Glück. Die nächste Kiste war anläßlich der Präsentation vom Voreigner so herausgeputzt worden wie ein Pfingstochse. Das Deck schimmerte in der Sonne, weil vom morgendlichen Regen noch naß, und die Probefahrt in der Flaute wurde eher zu einem schwimmenden Frühschoppen. Am Nachmittag war ich wohl dank des vielen „Aufwärmcognacs" so blau, daß ich zwischendurch mit dem Besitzer mindestens fünfzehnmal die Brüderschaft erneuerte und schließlich das Anlegemanöver auf den Salonpolstern schnarchend verpaßte. Wir erwarben die Schüssel, und zwar zu einem solch unverschämten Kaufpreis, daß mir deswegen heute noch das Wasser in die Augen steigt. Eine Woche später wollten wir mit unserer Neuerwerbung einen ersten Schlag segeln. Dazu kamen wir aber nicht sofort, weil wir erst einmal das Aquarium, auf dessen Wasseroberfläche die Bodenbretter lustig dahindümpelten, lenzen mußten. Erst mit dem

Eimer, dann mit den Zahnputzbechern. Die Lenzpumpe zeigte sich nämlich wegen des Frühjahrseinsatzes in der kalten, öligen Brühe ziemlich verschnupft. Aber nicht nur der Rumpf, auch Dach und Luken erwiesen sich als so leck wie ein Schweizer Käse. Beim Aufkreuzen klapperte das Schwert mit dem nach Lee pendelnden Rigg dermaßen energisch um die Wette, daß uns bereits der zweite Kreuzschlag wieder zurück an den Kran zwang. Die Schwertaufhängung bestand nur noch aus rostigen Fragmenten. Algenfäden hingen im Hippielook vom Rumpf herab. Sie verdeckten gnädig die Blasenschicht, die sich nach dem ersten Abschälversuch vor unseren ungläubigen Augen auftat. Der letzte Woche noch so leutselige und trinkfeste Verkäufer saß ziemlich nüchtern und grinsend im Büro des ortsansässigen Maklers, während beide immer abwechselnd und mit wachsender Begeisterung unsere Scheinchen durchblätterten und sich gegenseitig vor Vergnügen auf die Schulter hieben. Der Verkäufer, weil er die Gurke los war, der Makler, weil er sie nicht in Zahlung und einem anderen auf sein Risiko andrehen mußte. Auf unseren vorsichtigen und höflichen Einwand („Du dreckiger Betrüger!") winkten beide bloß ab, und der ehemals Trinkfeste berief sich auf den Kaufvertrag. „Gekauft wie gesehen unter Ausschluß jeglicher Gewährleistungsforderungen durch den Käufer" hieß es da. Also „nix zurück möglich", wie man es nichtjuristisch ebenso treffend ausdrücken kann. Moral von der Geschicht': Kauf herausgeputzte Boote nicht!

Wenn Sie gerade für Ihr Staatsexamen in Strafrecht oder in angewandter Psychologie praktischer Anschauungen bedürfen, dann suchen Sie doch einmal ein Boot über eine Verkaufsannonce. Das erste Boot, für das wir uns damals ernsthaft interessierten, war ein in angelsächsischen Kreisen häufig zum Aufspüren von Sandbänken benutzter Kimmkieler. Der Verkäufer, ein waschechter Ruhrgebietler, bei dem das Boot im Garten stand, lud uns erst einmal zwecks Auflockerung der Stimmung zu einer Bochumer Schlemmerplatte (Currywurst mit Pommes rot-weiß) ein. Das Boot wurde seiner Einlassung nach ausschließlich von ihm und seinen Kumpels genutzt. Und so sah es auch aus. Die Polster waren noch vom letzten Absegeln salzwasserklamm, am Gasherd klebten die Spaghettireste des Sommertörns vor drei Jahren, und die Schapps sahen aus, als wären sie seit dem Bau des Bootes nicht mehr mit einem Wischlappen in Berührung gekommen. Waren sie vermutlich auch nicht, dachte ich bei mir, als ich den Zustand der Toilettenanlage begutachtete. Na ja, ich bin schon von Hause aus nicht besonders pingelig, aber hätte man nicht aus Gründen der Verkaufsstrategie die Bremsspuren aus der Schüssel entfernen sollen? Meine Bordfrau stieß in einem unüberlegten Moment die magischen Worte „Wir schauen noch mal" aus, woraufhin man uns erst wieder gehen ließ, nachdem wir hoch und heilig versprochen hatten, uns auf jeden Fall noch zu melden. Man wollte das Boot für so nette Leute wie uns unbedingt reservieren. Das walte Hugo!

Der nächste Besuch führte uns zum Essener Baldeneysee. Das Boot, eine Kunststoffyacht merkwürdiger Herkunft, stand in einer beheizten Arbeitshalle eines Segelklubs. Der Eigner, ein älterer Herr in dunkelblauem Clubjackett und hellgrauer Hose, empfing uns mit bald nachlassender Höflichkeit, als er vernahm, daß wir keinem der bekannten elitären Segel- oder Yachtclubs angehörten. Der Typ war mir auf Anhieb sympathisch. Er führte uns in eine Halle voller Gerümpel und ließ uns erst auf sein Boot steigen, nachdem er eine Abriebprobe von unseren Bordschuhen genommen hatte.

Der Mast lag vorne und hinten aufgepallt auf dem Dach und zeigte eine wunderschöne Backbordkurve, von der der Besitzer jedoch nichts wissen wollte. Genausowenig übrigens von den vielen Knicken und Kinken in den Wanten. Na ja. Die wirr zusammengestellte Beschlagsanordnung auf Seitendeck und Dach sowie das Heck, über das sich ungebetene Gäste mit einem sauber plazierten Kick unterwegs wie am Liegeplatz rasch entfernen ließen, deutete lebhaft darauf hin, daß das Boot überwiegend zum gemütlichen Fahrtensegeln genutzt wurde. Ich drehte zur Probe an den laut klickenden Schotwinschen. Ah, Zweigangwinschen. Ließen sich nach rechts wie nach links drehen. Darauf hingewiesen, winkte der

Eigner gelangweilt ab. Er jedenfalls hätte mit den Winschen noch nie Probleme gehabt.

Unter Deck fielen uns angesichts der zahlreichen nachträglich eingebauten Schapps, Schränkchen und Regale aus irgendeinem undefinierbaren braun überlackierten Sperrholz die Augen aus den Höhlen. Die Kiste war innen jedenfalls so verbaut, daß ich schon nach fünf Minuten andauernder Anrempelei in die Hände eines orthopädischen Chirurgen gehört hätte. Als ich den Verkäufer mit einer zweiundzwanziger Mutter in der Hand darauf hinwies, daß mir die Kielbolzen doch ein wenig locker erschienen, winkte er wiederum ab und meinte bloß, damit habe er noch nie Schwierigkeiten gehabt. Bis jetzt habe ihn das Boot immer noch dahin gebracht, wohin er habe kommen wollen. Auf meine Frage, wo er denn überall schon hingesegelt sei, stellte er die Gegenfrage, ob ich wohl schon einmal auf dem Baldeneysee gesegelt wäre.

Beim Verlassen der Plicht fiel mir auf, daß das Boot auf der Steuerbordseite eine zusätzliche Backskiste aufwies. Serienmäßig konnte dieser Einbau nicht sein. Selbst ein maulwurfblinder Werftchef hätte seinen Laminiermeister für diese Leistung auf der Stelle in den Allerwertesten getreten. Wäre eine scheußliche Arbeit gewesen, rief der Eigner von unten herauf. Er hätte im vergangenen Jahr zwei Stunden lang mit der Flex sämtliche Aluversteifungen im Rumpf und unter der Sitzbank durchtrennen müssen. Dafür habe er jetzt aber einen schönen Stauraum für die Segel. Ich verzichtete auf einen Kommentar, und so schieden wir nicht gerade als die besten Freunde. Vor meiner Weiterfahrt wollte ich mir noch ein Päckchen Zigaretten im Vorraum des Clubraums ziehen. Dabei bekam ich folgende Unterhaltung mit.

„Na, Karl, was macht die Schüssel? Immer noch nicht verkauft?"
„Hör mir bloß auf! Lauter Irre! Die Leute stellen vielleicht Ansprüche. Warum kaufen die sich nicht gleich ein neues Boot?"
„Nun hör aber auf, Karl! Dein Mast gehört auf den Sperrmüll und die Winschen gleich hinterher. Und deine Laubsägearbeiten im Salon haben Hilfsschulniveau. Und ich hab dir gleich gesagt, laß die Finger von der Backskiste."

66

„Was weißt du denn schon von der Backskiste?"
„Komm, Karl, nun mach mal 'nen Punkt. Das Heck von deiner
Mühle biegt sich doch hart am Wind wie'n Lämmerschwanz. Mit
dem Ding kannste allenfalls noch beim Lambada mitmachen. Bei
der letzten Clubregatta bist du doch nur deshalb gerade noch so
eben bis ins Ziel gerutscht, weil praktisch Flaute herrschte. Bei
Starkwind bricht dir die Schüssel doch unter'm A... auseinander!"
Das Problem beim Gebrauchtbootkauf läßt sich mit der Psyche einer Frau in freudiger Erwartung vergleichen. Je schwangerer sie
wird, desto nervöser wird sie. Jeweils nach der siebten oder achten
Verkaufsofferte pflegen meine Steuerfrau und ich alle Gebraucht-
bootverkäufer mit Drogendealern und Mädchenhändlern gleich-
zusetzen. So nach dem zehnten oder elften Versuch akzeptieren wir
schließlich nur noch Bootsbesichtigungen, sofern sich der Verkäufer
vorab schriftlich und notariell beglaubigt damit einverstanden erklärt, vor unseren Augen die Wandverkleidung im Innenraum ab-
zuschrauben (Schimmelgefahr!), den Motor komplett auseinander-
zunehmen (wieviel Spiel haben die Kolben?) und wir Laminatproben
vom Unterwasserschiff zwecks Überprüfung durch die Physikalisch-
Technische Versuchsanstalt entnehmen dürfen. Ein Boot, das im
Wasser liegt, muß natürlich aufs Trockene. Wer kauft schon eine
Katze im Sack? Steht es aufgebockt an Land, muß es natürlich ins
Wasser. Vielleicht schwimmt die Gurke nicht einmal! Dann erfol-
gen ein paar kurze Probeschläge, damit wir uns von der See-
tüchtigkeit überzeugen können. Unter Windstärke sechs geht da
gar nix. Auf dem Weg von Kiel nach Bornholm und zurück werden doch bestimmt ein paar kleinere Macken ans Tageslicht kommen, die den Kaufpreis in einem ganz anderen Licht erscheinen
lassen. An- und Ablegemanöver in engen Boxengassen fahre ich
natürlich selbst. Schließlich will ich wissen, wie das Boot unter
Maschine reagiert. Natürlich nur nach vorheriger schriftlicher
Erklärung des Eigners, daß er die Vollkasko-Selbstbeteiligung über-
nimmt. Ich lass' mich doch nicht über den Tisch ziehen!
Einmal auf dem Wasser bleibt die Genua Eins stehen, bis das Naht-
garn des Achterlieks als Windfaden sauber und korrekt ausweht.

Dann lassen wir die Verkaufsofferte wie einen Pudel im Zirkus durch sämtliche brennenden Autoreifen springen. Bei der Rückkehr im Hafen müssen dann natürlich so Unwesentlichkeiten wie Lümmelbeschlag, Ober- und Unterwantenterminals, Rollreffanlage, Großsegel und das Nervenkostüm des Eigners in die Werkstatt. Sie glauben gar nicht, wieviel Starkwinderfahrung auf den unterschiedlichsten Bootstypen man mit dieser Methode gewinnt. Und Sie können sich auch sicherlich nicht vorstellen, an wieviel schlecht gezielte Wantenschneider, Pumpenschwengel und Winschkurbeln man auf diese Weise billig herankommt.

Apropos billig. Etwas darf bei einem zünftigen Bootskauf natürlich nie fehlen. Das Feilschen ums Geld. Also für mich gibt's nichts Schöneres, als nach mehreren Kranaktionen, Motorendemontagen und einem Probeschlag in der oben beschriebenen Weise mit dem Verkäufer dann auch ernsthaft ins Gespräch zu kommen, sofern er nicht bereits vorher spastisch zuckend und laut aus der Bibel oder dem Koran deklamierend von den netten Herren mit den weißen Strampeljäckchen in die nächste Landesnervenklinik komplimentiert wurde. Böse Zungen und speziell meine beste Steuerfrau von allen behaupten, daß ich nur deswegen bis heute überlebt habe, weil in unserem Kulturkreis auf Volksverar... nicht mit der Vendetta reagiert wird. Normalerweise bedeutet ein Angebotspreis, neudeutsch auch mit „VB" (was auch immer sich hinter diesem Kürzel verbergen soll) umschrieben, eine Aufforderung ein Gegenangebot abzugeben. Je nach Ausrüstung und Pflegezustand darf man es sich schon erlauben, vielleicht fünf bis zehn Prozent in Abzug zu bringen, ohne daß beim Verkäufer ein betretenes Herzkammerflimmern einsetzt. Für mich bedeutet „VB" so etwas wie Aufforderung zum Tanz. Gleiches gilt auch für den Hinweis „Festpreis". Nichts ist so variabel wie ein Festpreis. Was bilden sich die Typen überhaupt ein? Wollen die nun ihre altersschwache Gurke loswerden, oder was?

Also, ich setze mein Angebot irgendwo zwischen dreißig und vierzig Prozent des verlangten Verkaufserlöses an. Das hat verschiedene Gründe. Bei dreißig Prozent will ich die Kiste sowieso nicht haben und biete nur pro forma, also nur, um das Gesicht zu wahren. Sonst glaubt der Kerl hinterher, daß ich nur wegen des fünfstündigen Probeschlags mit den zweiundzwanzig Spinnakermanövern und der Einladung in das Viersterne-Restaurant, das ich aus meinem stets präsenten Guide Michelin ausgewählt hatte, gekommen sei. Biete ich vierzig Prozent, dann verbirgt sich hinter meinem Angebot schon ein gewisses Interesse. Mehr als die Hälfte des Kaufpreises zahle ich nie. Erstens, weil für ein gebrauchtes Segelboot jeder Preis immer zu hoch ist (selbst geschenkt kann unter Umständen wegen der Abwrackkosten noch zu teuer sein), und zweitens, weil ich mir nie verzeihen könnte, nach fünf bis zehn Jahren, wenn ich die Kiste für das Doppelte des Marktwertes an eine völlig unbedarfte Landratte (am liebsten sind mir frischgebackene BR-Schein-Inhaber) verhökere, nicht wenigstens alle in der Zwischenzeit angefallenen Liegeplatz- und Werftkosten wieder hereingeholt zu haben.

Allerdings hat die Sache einen Haken. Geht nämlich der Typ auf mein Angebot ein, steige ich sofort wieder aus. Wer ist schon so blöd, sich derart dreist über den Tisch ziehen zu lassen. Niemand. Na, bitte! Also hat die Kiste doch Osmose. Ich hab' es doch geahnt! Verkaufsverhandlungen mit Einzelpersonen sind immer etwas ganz Besonderes. Hier ein kurzer Dialog. Situation: Irgendwann im Juni. Ort: In einem Garten irgendwo im Rheinland. Objekt: Ein Siebenmeter-Trailerboot.

„Wieviel soll das Boot denn kosten?“

„Dreißigtausend“.

(Gelächter) „Ich hör' wohl nicht recht? Für diese alte Schüssel? Mann Gottes, die Gurke ist immerhin bereits drei Jahre alt und hat neu allenfalls fünfzig Riesen gekostet.“

(Verlegenes Räuspern) „Schauen Sie sich doch einmal die Aufpreispalette bei einem Neuschiff an. Sehen Sie, bei mir ist praktisch alles komplett: Einbaumaschine, Sumlog, Echolot, sieben Segel, davon drei aus Kevlar für Regatten, GPS, Kartenplotter ...“

„Also, den Stinkediesel allen Ernstes als Bootszubehör anzubieten, ist ja wohl ein Witz. Von mir aus können Sie ihn herausnehmen.

Ich brauch' ihn sowieso nicht. Und es dürfte sich bestimmt auch schon bis zu Ihnen herumgesprochen haben, daß GPS und Bildschirmkartenplotter auf einem Boot dieser Größe wohl zur Standardausrüstung gerechnet werden dürfen."

„Hören Sie, wenn man sich etwas Wertbeständiges anschaffen will, dann darf man natürlich nicht aufs Geld schauen."

„Hör du mal zu, du Klugschwätzer! Wenn ich etwas Wertbeständiges anschaffen will, dann kauf' ich Aktien von Daimler-Benz, du Pfeife! Weißt du was? Behalt die Kiste und werd glücklich damit!"

Und wieder war ich um eine Winschkurbel reicher.

Noch besser sind Verkaufsverhandlungen mit Ehepaaren, die sich selbst nicht einig sind. Hier ein weiterer kurzer Dialog. Gleiche Situation wie oben.

(Hastig) „Aber es will Sie doch niemand über die Bank ziehen. Schauen Sie, das Boot ist doch praktisch nie gesegelt worden. Einmal pro Jahr sind meine Frau und ich ins europäische Ausland gefahren und haben da vier Wochen Urlaub verbracht. Länger ist das Boot pro Jahr nie im Wasser gewesen."

(Noch hastiger) „Wissen Sie, ich halte nichts von Wochenendsegelei. Wenn schon, dann richtig. Mittelmeer oder so, das macht Laune. Aber auf so einem Baggersee? Nichts für mich. Soll ich Ihnen mal was sagen? Sie sollten mal auf einen unserer Törns mitkommen. Da würden Sie feststellen, was das für ein tolles Boot ist."

(Auftritt Xanthippe) „Ach, Sie sind bestimmt der nette junge Mann, der wegen des Bootes angerufen hat. Das ist aber nett, daß Sie sofort vorbeigekommen sind. Wissen Sie, wir versuchen das Boot schon seit einem halben Jahr zu verkaufen. Da sind wir heilfroh, daß wenigstens einer einmal vorbeischaut. Ich könnte Ihnen ..."

(Atemlos) „Du mußt doch sicher deine Einkäufe ins Haus bringen."

(Gnädig) „Ach was, ich war doch beim Friseur und nicht einkaufen. Hast du dem Herrn schon von unserem letzten herrlichen Urlaub an der Maas erzählt? Wissen Sie, wir haben unser Boot bei Roermond liegen. Da ist es immer so schön ruhig. Mein Mann hat es nicht so mit der Segelei. Deshalb wollen wir den Sport auch ganz an den Nagel hängen und uns ein Wohnmobil kaufen. Ich finde ..."

„Liebes! Ich finde, du solltest mich mit dem Herrn jetzt alleine lassen."

(Aufgebracht) „Aber warum denn? Ich habe noch gar nicht erzählt, wie billig wir seinerzeit an das Boot herangekommen sind. Keine fünfunddreißigtausend ..."

(Haareraufend) „Mein Gott, Liebes!"

(Noch aufgebrachter) „Was denn? Das darf ich doch wohl sagen, oder? Schließlich habe ich die Hälfte des Kaufpreises von meinem Ersparten bezahlt. Da bin ich doch quasi Miteignerin, oder? Was meinen Sie, junger Mann?"

(Verzweifelter Versuch, mich ernst zu halten.)

(Hysterisch) „Wissen Sie, eigentlich war ich von Anfang an gegen den Kauf. Aber ich hab' mich schließlich breitschlagen lassen. Und seit ein, zwei Jahren habe ich sogar richtig Spaß am Segeln bekommen und meinen Mann gefragt, warum wir nicht mal ein bißchen weiter weg fahren. Vielleicht nach Südholland runter. Da soll es doch so schöne geschützte Binnenreviere geben. Zu gefährlich meint er. Und viel zu unbequem. Das Boot wäre ja für einen alleine schon viel zu klein. Und jetzt sollen wir dreißigtausend Mark für so ein olles Wohnmobil ausgeben. Aber von mir gibt es dafür keinen Pfennig, hörst Du?"

(Zurückweichend) „Aber Liebelein, nun hör' doch mal ..."

(Crescendo) „Ich bin nicht dein Liebelein! Und jetzt hörst du mir mal zu, du Schlappschwanz. Wenn ich damals bloß auf meine Eltern ..."

... und tschüs!

Dabei kann es freilich auch einmal passieren, daß Sie den ganzen Winter über und selbst im Frühjahr nur an Hardliner in Sachen Bootsverkauf geraten sind. Jetzt bloß nicht nervös werden und eine Suchanzeige aufgeben! Das kommt einer Heiratsanzeige in einer landläufig bekannten Boulevardzeitung mit angegebener Telefonnummer gleich. Suchen Sie eine Siebenmeteryacht, bekommen Sie mit Sicherheit nur Zehnmeterschüsseln angeboten. Auch nigelnagelneue Yachten, die erst kürzlich zu Wasser kamen, werden angeboten. Bootspapiere? Nö, hab' ich nicht. Muß man so was denn haben? Oder die Dinger liegen irgendwo an der türkischen Riviera bzw. auf den Cayman Islands. Um die Zollformalitäten muß man sich allerdings selber kümmern.

Eine Suchanzeige kann aber noch ganz andere Kreise ziehen. Spät in der Nacht rief uns einmal ein ganz seltsamer Vogel an. Weil meine Steuerfrau an den Apparat ging, wurde der Bursche schlagartig zutraulich und schwärmte ihr irgendwas von lauschigen Buchten an der Ostsee vor und ob wir uns nicht mal mit ihm und seiner Frau treffen könnten. Wenn sie ein nettes, junges, unkompliziertes Pärchen finden würden, das ihnen bei der Finanzierung des Bootes und bei gegenseitigem Gefallen auch noch bei vielen anderen Dingen zur Hand gehen könnte, ... Ich glaube, seit die Werft unserem Stegnachbarn anstatt das Antifouling auszubessern den Rumpf seiner achtzehn Jahre alten Hulk komplett mit Zweikomponentenfarbe neu auf Hochglanz lackierte, haben wir nicht mehr so gelacht.

Haben Sie erst einmal ein Gebrauchtboot erworben, dann geht der Spaß erst richtig los, es sei denn, Sie konnten ein für Langfahrt ausgerüstetes Siebenmeterbötchen erwischen. Das sind diese Spielzeuge größenwahnsinnig gewordener BK-Schein-Absolventen, die ihre tausend Seemeilen Fahrpraxis entweder auf so Baggerseen wie dem Ijsselmeer oder unter der Aufsicht und in der Obhut eines zwanzigköpfigen Berufsnautikerstammtisches erworben haben und sich noch nie mit solch profanen Situationen wie der Ansteuerung des Scheldedeltas, nachts, mutterseelenallein und so ab sechs Beaufort aufwärts (freilich gegen die Tide), abgeben mußten. Wenn sich einem angesichts der weißgeköpften Brecher über den Riffen langsam die Nackenhaare aufrichten und sich der Schritt im Schwerwetteroverall dieser plötzlichen Gefühlsregung folgend mit Unaussprechlichem füllt. Aber Siebenmeterbötchen mit Radar, Passatsegeln und Rettungsinsel ausrüsten! Das hab' ich gerne. Damit man stets gerüstet bleibt, die vage Chance wahrzunehmen, vielleicht doch eines Tages auf Weltumsegelung zu gehen. Der Tag kommt nie, glauben Sie mir. Die Zeiten eines Joshua Slocum und eines Bernard Moitessier sind unwiderruflich vorbei. Wenn heute einer auf Welttournee geht, dann mit zwölf Meter Länge-über-Alles an aufwärts, und zwar mit dem elektronischen Equipment einer Challenger-Raumfähre, mit Satellitenfunk, Seewasserentsalzungsanlage und mindestens vier goldenen Kreditkarten. Wer kann das schon? Na, also! Doch noch einmal zur Ausgangsüberlegung zurück. Wenn Sie trotzdem einen scheinbar für Weltumsegelungen ausgerüsteten Vierundzwanzigfüßer erwischen, dann lassen Sie sich gleich einen Werkzeugkoffer zu Weihnachten schenken. Den brauchen Sie, um den ganzen Mumpitz wieder abzumontieren und von Bord zu schmeißen. Schließlich wollen Sie segeln und keinen schwimmenden Zubehörladen, dem man anhand des Antennenwaldes am Heck und der Vorrichtungen zur Aufnahme von Rettungsinseln, Radomen und Satellitenschüsseln schon von weitem ansieht, wieviel Moneten im Schiffsrumpf wohl verbaut sind. Sie glauben gar nicht, wie schnell sich die Einstiegsluken von Ausrüstungssammlern (neudeutsch auch Diebe – pfui, Teufel! – genannt) dieser Seezwerge öffnen lassen. Schiebeluk und Holzschott entsprechen der Wandungsdicke der Außenhaut. Reden wir nicht drüber! Ohnehin nicht der Rede wert. Joghurtbecher bleibt eben Joghurtbecher. Ist der Kram also von Bord, können Sie endlich vernünftig segeln, weil einem nicht in jeder Welle die flexiblen Antennen von Wetterfax, Decca und sonstiger Unterhaltungselektronik um die Ohren peitschen, man endlich ohne den Container der Rettungsinsel vor der Sprayhood ungestörten Ausblick bis zum Bugkorb genießt und Fallen und Schoten wieder auf ein vernünftiges Maß zurückgeschraubt wurden. Wozu brauche ich Extra-Genuaschoten, doppelte Spischoten, Aufholer, Niederholer, Einholer, Beiholer, Herunter- und Heraufholer, siebenundzwanzig verschiedene Vorsegelfallen, die sich im Zweifelsfall ohnehin im viel zu dünnen Mast vertörnen und verkinken und das Sammelsurium an Leitschienen, Leitblöcken und sonstiger Strippenführungen? Apropos Strippen. Die sind natürlich in allen Regenbogenfarben vorhanden. Ich bin mal auf solch einem Irrsinnsding mitgesegelt. Die Fallen- und Schotführung war vom Eigner nach und nach auf Grund der neuesten Erkenntnisse (oder sollte ich besser sagen: auf Grund des Schwachsinns, den jeder dahergelaufene Bastler für einen geringen Obolus in bestimmten

Fachblättern von sich geben darf) dermaßen komplettiert worden, daß er schließlich selbst nicht mehr durchblickte. Ende vom Lied: Als wir bei einer Halse unter Spi den Spibaum absenken wollten, kamen uns hintereinander Vor- und Großsegel herunter, krachte der Baum auf den Dassel des verblüfften Rudergängers und rutschten zweihundertfünfzig Rollenblöcke wie von Geisterhand gezogen über irgendwelche Schienen und Gleiter. Den Spinnaker konnte man übrigens hinterher als bunte Taschentuchsammlung benutzen. Ach so, ja. Nur eines hatten wir nicht geschafft: den Spibaum abzusenken. Sie können natürlich auch das Glück haben, ein Boot zu erwerben, das nicht ganz so komplett ausgestattet ist. Dann sind Ihrer Phantasie und Komplettierungswut im Rahmen der Gutmütigkeit des Kontoführers in ihrer Bank praktisch keine Grenzen mehr gesetzt. Denken Sie bitte nur an eines: Der Wasserpaß des Bootes läßt sich nur maximal bis zur Fußreling hochsetzen. Während im vorangegangenen Fall Schraubenzieher, Schraubenschlüssel, Trennscheibe und Schweißbrenner ihre ständigen Wegbegleiter waren, werden es jetzt die Juweliere der See. Also die Bootsausrüster. Das erinnert mich an den Stapel schwimmenden Brennholzes, den ich eines schönen (und bitterkalten) Januartages in einem Anflug geistiger Umnachtung aufkaufte. Kaum stand diese vom Konstrukteur scheinbar mit der Kettensäge in Form gebrachte Zigarrenkiste mit dem markanten Dachaufbau in der klubeigenen Werkstatt, hatte einer meiner lieben Segelkameraden als Heimathafen auch schon „Entenhausen" ans Heck gepinselt. Irgendwie schien der Witzbold auch noch recht zu behalten. Das Boot entwickelte sich während der mehrmonatigen Renovierungsphase zum Flaggschiff des Dagobert-Duck-Konzerns. Als das Boot endlich im Wasser lag, hätte ich es am liebsten umbenannt und „Geldspeicher 13" getauft. Bootsausrüster und Segeln. Ein Gegensatz in sich. Ich weiß es noch genau. Ich brauchte für das Rigg des schwimmenden St.-Martins-Feuers neue Wanten und Stage. Und ich wollte gewalzte und keine gepreßten Terminals. Also wandte ich mich an einen Ausrüster, der sich gleichzeitig auch noch großspurig Rigger nannte. Liebste Ausrede dieser Spezies: „Weißt du, ich muß noch dies und das für die Sau(dade) herrichten. Aber danach kommst du direkt dran!" Interessant. Alle Welt, die im Bootsausrüstergeschäft etwas zählen möchte, will irgendwann wenigstens einmal einen Admiralscupper aufgeriggt haben. So viele Mastbrüche gibt's doch gar nicht. Aber zurück zu meiner „Geldspeicher 13". Ende Januar gab ich meinen kompletten Drahtverhau ab. Mitte Februar sollte alles komplett hergerichtet sein. Ich rechnete vorsichtshalber mit Ende März. Man weiß ja nie. Ansegeln war auf den 28. April festgelegt worden. Doch dieses Jahr schien ein Katastrophenjahr im Ausrüstergeschäft zu sein. Erst ging die Walzmaschine kaputt. Dann gingen ausgerechnet meine Terminals aus. Dann wurden neue bestellt, die aber der Lehrling beim Üben mit meinen Oberwanten durchknickte. Also wurden wieder neue Hülsen bestellt. Das dauerte natürlich. Wer ordert für sein Rigg auch schon so etwas Exotisches wie Terminals von Hasselfors? Da muß man natürlich warten. Denn die mußten extra für mich in England bestellt werden. Der Zeitverzögerung und dem Preis zufolge waren sie anscheinend auch für mich allein konstruiert und hergestellt worden. Dann waren die Wanten und Stage fertig. Ich beging den Fauxpas, die Abmessungen mit meinen alten Wanten, die ich als Muster dagelassen hatte, zu vergleichen. Gut, den Mast hätte ich aufgerichtet bekommen, aber er hätte eine leichte Backbordlage gezeigt. So von ungefähr vierzig Grad. Die Backbordwanten waren aus unerfindlichen Gründen ein bißchen eingelaufen. Wahrscheinlich hatte man sie nach dem Walzen der Terminals im Regen liegengelassen. Mein Ausrüster konnte überhaupt nicht verstehen, warum ich mich mokiert zeigte. Inzwischen zeigte der Kalender schon den 20. April. Ich erneut zum Ausrüster. Hängt da ein Schild: Betriebsferien. Sind am 28. April wieder zurück. Raten Sie mal, wo ich am 28. April mit Auto, Hänger und Boot vorfuhr. Raten Sie mal, wer die Terminals auf die Wanten und Stage preßte. Raten Sie mal, ob die Längen jetzt stimmten. Aber fragen Sie nicht, wieviel ich für meine Terminalpreßübungsstunde blechen durfte.

Segeln mit und unter anderen

Als 1986 einer der Reaktoren im Kernkraftwerk Tschernobyl in die Luft flog, ging ein Aufschrei durch die Menschheit. Man sprach vom GAU, vom größten anzunehmenden Unfall im Bereich der Kernenergiegewinnung. Als ich im Jahre 1986 samt meiner besten Steuerfrau von allen inklusive vierzig Kilogramm Gepäck am Bahnsteig von Saint Raphael stand, war ich zu müde zum Schreien. Es hätte auch nichts mehr genutzt. Das war der Super-GAU, der supergeilste abgebrochene Urlaub meines Lebens. Was um Himmels willen war bloß passiert?

Erst einmal folgendes. Machen Sie Urlaub in Österreich oder in der Schweiz. Das ist erholsam. Machen Sie Urlaub in Florida (vornehmlich Miami Beach) und benutzen Sie einen Leihwagen mit Aufdruck. Das ist spannend. Machen Sie einen Segeltörn mit Ihrer scheidungsunwilligen Ehefrau auf Ihrer hochversicherten Yacht zu den Äußeren Hebriden. Das ist prickelnd. Aber verbringen Sie um Himmelswillen nie Ihren Urlaub auf einem Charterboot mit guten Freunden auf dem Mittelmeer oder sonstwo im sonnigen Süden. Es sei denn, Sie beschäftigen (a.) gute Anwälte oder besitzen (b.) einen guten Nervenarzt. Noch besser verfügen Sie (c.) über beides. Soweit, so gut. Oder nicht gut. Je nach Betrachtungsweise. Wir, meine beste Steuerfrau von allen und ich, besaßen damals eine betagte Friendship 22, mit der wir die seinerzeit noch weitgehend gezeitenabhängigen Unterläufe der großen Ströme in Südholland und Zeeland unsicher machten. Also, ich könnte Ihnen da Storys erzählen ... Lassen wir das! Nun, zu allem Unglück waren wir zu dieser Zeit noch recht jung, also unerfahren, naiv und vorbehaltlos und somit, wen wundert's, Mitglieder in einem renommierten Segelklub meiner Heimatstadt. Heute, weitaus abgeklärter und aufmüpfiger, kämen wir wohl kaum mehr in diese Verlegenheit. In den entsprechenden Kreisen stehen wir nämlich als Persona non grata auf der Abschußliste. Vor Segelnovizen mit Einheitsklassen, nationalen und internationalen Klassen, Konstruktionsklassen,

Olympiaklassen und Rennklassen angeben, aber als klubinterner Segellehrer keinen einzigen Ausbildungstörn auf Charterschiffen beenden, ohne daß die Kaution futsch war. Das hab' ich gerne! Nachdem man uns vor die Wahl gestellt hatte, entweder endlich den BR-Schein zu machen oder im Verweigerungsfalle zumindest fünf Jahre lang Küchendienst abzuleisten, gingen wir lieber den Leonberger Weg. Wir machten uns selbständig. Okay. Pardon. Ich weiß. Ich schweife schon wieder ab. Aber dieses Aufrühren alter Geschichten törnt mich auch immer wieder aufs neue an.

Wo war ich stehengeblieben? Ach ja. Bei unseren Bekannten. Ich hatte freilich schon viel über Segelurlaube mit Freunden gelesen, die sich hinterher mit dem Hintern nicht mehr ansahen. Oder mit Messern und Pistolen massakrierten. Siehe den Fall „Appolonia". Ein Teil der Mannschaft sitzt heute noch, der andere ist immer noch tot. Das sollte uns natürlich nicht passieren. Wir planten also ein Testsegeln, wählten ein verlängertes Wochenende und düsten los. Fatal erwies sich dabei jedoch, daß die Ausgangsvoraussetzungen nicht so ganz dieselben waren. Wir fuhren auf meinem Boot. Ich war also der Chef, der Big Boß, der sogenannte Next to God. Ich durfte Ehen schließen und scheiden, entschied über Leben und Tod, wem die tägliche Ration Rum gestrichen und wer zur Erbauung der Mannschaft kielgeholt werden sollte. Oder zumindest, welches Segel gesetzt wurde. Das war doch schon etwas, oder? Dennoch, dieser winzige Unterschied und die Tatsache, daß die Zwangsvorstellung nur dreieinhalb Tage dauerte, unterschied diesen Kurzurlaub doch nicht unerheblich von einem zweiwöchigen Chartertörn auf einer von unseren Bekannten gemieteten Boot in Südfrankreich. Stellen Sie sich vor. Es ist August. Die Sonne knallt vom Himmel, alle Welt hat Urlaub und tummelt sich auf Nordsee, Ostsee und Mittelmeer. Trotzdem schafft es mein Bekannter, ich will ihn einmal ganz wertfrei Robert (eigentlich hieß er Dankwart, Tankwart oder so ähnlich) nennen, in dieser beinahe aussichtslosen Lage einen Zweiunddreißigfüßer und dazu sogar auch noch an der französischen Riviera aufzutreiben. Für ganze achthundert Mäuse die Woche. Na, schwant Ihnen etwas?

Robert hatte die Sache ganz locker und abgeklärt in die Hände genommen. Schließlich trank er Tuborg Pilsener. Also kannte er die Welt. Na ja, ein bißchen zumindest. Ein Jahr zuvor hatte er mit Nicki, seiner schwarzgefärbten Claudia-Schiffer-Imitation, ein anderes Pärchen auf einer anderen Segelyacht vor der südfranzösischen Küste zur Verzweiflung getrieben. Das jedoch erfuhren wir erst Jahre später. Zugegeben, es war mein erster Chartertörn überhaupt, ich hatte von den Gepflogenheiten im Chartergeschäft praktisch keine Ahnung und legte die Verantwortlichkeiten dankbar in derart erfahrene Hände. Bis dahin hatte ich Robert noch als mir ebenbürtig angesehen. Als er jedoch meine angesichts der für mich damals ziemlich gewaltig erscheinenden Ausmaße der Attalia 32 erwachenden Selbstzweifel (eigentlich stand von Anfang an eine Gib Sea 27 zur Debatte) brüsk zur Seite schob, auf den Aufsichtsratsposten eines Skippers reflektierte und auch für die Überfahrt von Nizza nach Calvi die seemännische Verantwortung allein auf seine breiten Schultern zu nehmen versprach, mußte ich mich fürderhin mit dem Job eines technischen Direktors zufrieden geben. Schön, dachte ich. Warum auch nicht? Endlich mal ein anderer, der sich bei Ablege- und Anlegemanövern, beim Segelsetzen, Reffen und Segelbergen, bei der Navigation und der Törnplanung die Haare raufen durfte. Vom Diesel verstand ich damals eh nichts, und beim täglichen Ölstandmessen konnte ich wohl nicht viel falsch machen. So dachte ich. Weit gefehlt.

Es fing schon damit an, daß wir mit deren Auto anreisten. Der Kofferraum des 230ers ließ kaum noch Platz für ein paar Briefmarken zu, die Passagiere im Fond mußten bereits auf den Schlafsäcken Platz nehmen und stießen dadurch bei jeder Fahrbahnunebenheit bis zur Dachverkleidung durch. Warum der Kofferraum voll war? Nun, ich hatte meinen Werkzeugkoffer (wegen unter Umständen undichter Seeventile – Gefahr des unbemerkten Sinkens), meine Seenotsignalpistole samt Munition (wegen der vielen Piraten), meine Grenzwellenanlage (wegen des deutschen Wetterberichts) und meine Schwerwetterkombination, meine Rettungsweste und meinen Lifebelt (wegen der heftigen Mistralstürme zwischen Saint-

Raphaël und Menton) und mein großkalibriges Steiner-Fernglas (wegen der Mädels am Strand) im Gepäck. Machte samt Ausgehdreß, Clubdreß, Dinnerdreß und Badehose für jeweils zwei Personen knapp abgerundet vierzig Kilo. Also etwa so schwer wie Schlauchboot nebst Zweitaktaußenborder. Sind Sie schon einmal mit einem Schlauchboot und einem Außenborder unter dem Arm durch Nizza gelaufen? Auf der Suche nach einem Hotel? Stop! Ich will nichts überspringen.

Also, anderntags wir ab in den Hafen. Bötchen übernehmen. Ehrlich gesagt butterten meine Knie angesichts der Schaumkronen auf den Wellen in der Bucht schon seit einer ganzen Weile ziemlich ein. Irgend so ein Hippie-Mädel mit zerfranster Jeans und hauchdünnem T-Shirt begrüßte uns lässig und zeigte mit dem Daumen auf den Zweiunddreißigfüßer, der da irgendwo im Gewimmel des Steges vor Heck an einer Muring lag. Wie sich hinterher herausstellte, war sie die Basisleiterin. Auf mich machte sie eher den Eindruck einer unlängst auf einem Korallenriff gestrandeten Aussteigerin, die sich nur ein paar Franc für den Lebensunterhalt mit Handreichungen verdienen wollte.

Wir gingen erst einmal mit ihr in das Büro der Segelbasis. Dort sah es aus, als hätte gestern der Blitz eingeschlagen. Ich schaute schon etwas neidisch zu den geöffneten Büros der namhaften Charterfirmen herüber, wo die Gäste in Ledersesseln Platz nehmen durften, mit Champagner und Kanapees bewirtet wurden und werftneue Boote samt neuestem Equipment ausgehändigt bekamen. Der Laden hier sah aus, als hätte er sich auf die Vercharterung von Seelenverkäufern spezialisiert. Titanic Yachting wäre ein passender Name gewesen.

Daß ich nicht ganz so schief lag mit meiner Annahme, bewies ein verschämter Blick auf das versteckt angebrachte und bereits bis zur Unleserlichkeit zerkratzte Typenschild am Heck unserer Charteryacht und auf die Winsch am Salontisch. Die als neuwertig und allenfalls zwei Saisons alte Kielsegelyacht entpuppte sich als sechs Jahre alter Kielschwerter. Und auch nur das unter Vorbehalt, denn das Schwert ließ sich keinen Zentimeter mehr anheben. Das ausgezeichnete elektronische Equipment rekrutierte sich aus einem Sumlog von Anno Pief, einem Echolot, dem das Echo anscheinend schon vor Jahren ausgegangen zu sein schien, einem Transistorradio Marke Karo einfach und einer Windmeßanlage, die durch Abwesenheit glänzte. Von irgendwelchen Gebern mit rotierenden Schaufelrädchen im Mast oder Anzeigegeräten im Cockpit keine Spur. Es brauchte meine gesamte Überredungskunst, daß sich anderntags jemand in die oberste Etage befleißigte und uns dort wenigstens einen Jollen-Verklicker anbrachte. An demselben Tage konnten wir sowieso noch nicht starten. Die Kiste war so was von dreckig, daß wir eine Übernahme kategorisch ablehnten, bevor nicht irgendein Meister Proper durch die Kajüte und über das Deck gewirbelt war. Wenn Sie bei einem renommierten Charterunternehmen eine flammneue Yacht abnehmen und das Übernahmeprotokoll unterzeichnen, ist schon höchste Vorsicht geboten. Während nämlich die Übergabeformalitäten gewöhnlich auf die Paraphierung beschränkt werden, läßt man sich nach Ablauf der Urlaubsfahrt plötzlich ungewöhnlich viel Zeit. Hinterher müssen Sie mit Ihrem Geldbeutel für jedes Plastiklöffelchen geradestehen, das sich zwar auf der Liste, nicht aber im Schapp wiederfindet. Und das, obwohl Sie überhaupt keine Frühstückseier essen. Wenn Sie aber so eine Gurke übernehmen wie weiland wir, dann laufen Sie bis zur Gegenzeichnung der Inventarliste nervös wie eine schwangere Seekuh vom Heck zum Bug und vom Vorschiff bis in den äußersten Winkel der Achterkajüte, daß Sie nur ja nichts übersehen. Bei uns beispielsweise fehlte – o Wunder, o Wunder – der Spi, die Sturmfock und die Rettungsinsel. Das Schlauchboot pumpte ich, nun schon ein wenig kritisch geworden, vor den ungläubigen Augen meiner Crew und dem gehetzten Blick der Hippie-Dame auf. Das heißt, ich schaffte es, eine Kammer schlapp aufzufüllen. Bei der anderen waren die Löcher im Wulst so vielzählig, daß es die anschließend aufgeklebten unzähligen Flicken innen wie außen nicht schafften, die Luft zumindest so lange im Innern der Kammer zu belassen, daß wir nicht jedesmal unsere Überfahrt an Land als Schiffbrüchige hätten beenden müssen. Die Bilgenpumpe pumpte alles, nur anscheinend

kein Wasser. Für meinen Hinweis auf den Keilriemen, den ich ohne viel Anstrengung allein mit einem Schraubenzieher von den Laufscheiben hätte hebeln können, erntete ich nur Schulterzucken. Ah ja, noch etwas. Unter einem Kühlschrank verstand man zu jener Zeit ein Loch in der Pantry, in das man nacheinander Stangeneis, Wurst, Butter und Bierflaschen warf. Sobald sich das Eis zu Wasser aufgelöst hat und letzteres in die Bilge geflossen ist, besorgt man sich neues. Bei uns war jedesmal eine langwierige Schöpfaktion angesagt, weil der Abfluß zum tiefsten Punkt des Bootes verstopft war. Wer mag schon Wurst und Butter, die stundenlang zusammen mit Flaschen und Dosen in irgendeiner undefinierbaren Brühe schwamm?

Wie gesagt, anderntags so gegen drei Uhr nachmittags, also schlappe dreißig Stunden nach unserem ersten Aufkreuzen in der Charterstation, konnte Robert das lang ersehnte Kommando „Leinen los!" in die nachmittägliche Stille jenes Sonntagnachmittages brüllen. Ich hatte mir schon eine Zeichnung gemacht, wie wir am besten bei dem noch vorherrschenden Seitenwind (Wind schlief nach Passieren der Hafenmolen freilich sofort ein) mit dieser hochbordigen Kiste in der allenfalls fünfzehn Meter breiten Gasse am besten drehen konnten. Nicht so Robert. Er drückte seine Commanderkappe (die mit den Lorberen auf dem Schirm) in den Nacken und den Fahrhebel auf „Voll zurück" und starrte weltmännisch und gelassen nach vorne, wo sich das Boot immer schneller zwischen den Nachbarliegern durchzuschrubbeln begann. Als der Rumpf an beiden Seiten frei schwamm, machte die Attalia einen Satz nach hinten. Ich auch. Ich riß den Fahrhebel über die Leerlaufposition in die Voll-Voraus-Position (Yanmar möge mir verzeihen) und brachte das Viertonnengeschoß in der gegenüberliegenden Box noch so gerade vor dem Steg zum Stehen. Zum Glück war die Box leer gewesen. Roberts Kommentar: „Uups! Die ist aber fix!" Ich ließ es mir daraufhin nicht nehmen, das Boot bis hinter die Hafenmolen zu steuern und übergab meinem Skipper das Steuer erst wieder in freiem Seeraum. Roberts Selbstbewußtsein schien dieses Manöver jedoch keinen Abbruch getan zu haben, denn er kommandierte seine drei Hilfsmatrosen wie die Kadetten auf der Gorch Fock hin und her. Mit derselben Souveränität eines seerprobten Admirals drückte er mir schließlich, als ich alle Segel geborgen, die Fender verteilt, die Festmacher aus der Last gezerrt und auf den Klampen angeschlagen hatte, mit einem gutmütigen Augenzwinkern das Steuer in die Hand, als es darum ging, im völlig überfüllten Hafen von Saint-Tropez einen Liegeplatz für die Zehnmeterschüssel zu finden und dort auch noch ohne größere Verluste an Mensch und Material anzulegen.

Anderntags mußten sich Robert und Nicki selbstverständlich von diesem Fünfzehnmeilenritt erholen. Ich war auch erholungsbedürftig. Das lag jedoch nicht an der Meilenfresserei, sondern an unserem Ablegemanöver in Saint-Tropez. Während unsere vier Tonnen Plastikumgebung mit Vollgas der Einbaumaschine anscheinend gerade versuchte an der Kaimauer Selbstmord zu begehen und unser Bugkorb bereits unter den Davits unseres vorderen Nachbarn hin und her schrammte, drückte mir Robert schon wieder die Pinne in die Hand und meinte: „Nimmst du mal? Ich geh' eben nach unten und leg' schon den Kurs fest."

Okay! Endlich relaxen. Baden in einer Bucht war angesagt. Leider verfügten wir aber nicht über genügend Wind, so daß es etwas schwierig erschien, die zehn Seemeilen entfernte Badebucht ohne Motoreinsatz zu erreichen. Die Maschine wollten wir unbedingt schonen. Innerhalb von drei Motorbetriebsstunden war der Schmierstoffpegel schon deutlich unter die Minimummarke gerutscht. Wir dümpelten also anstatt dessen über das spiegelglatte Meer und ließen uns von dem bißchen Strömung treiben. Nicki wollte aber unbedingt schwimmen.

„Tu dir keinen Zwang an", räumte ich ein. „Schau' dich um. Wir schwimmen auf dem größten Swimmingpool Europas."

„Ach ja", zischte sie. „Und wenn ich im Wasser bin, haut ihr ab und laßt mich alleine zurück. So seht ihr aus."

Ich weiß nicht, wer erstaunter geguckt hat. Meine beste Steuerfrau von allen, ich oder ihr Geheirateter.

Langsam spielte sich eine gewisse Bordroutine ein, und Nicki begann, die Launen einer britischen Lady auf einem russischen Kreuzfahrtschiff anzunehmen. Sie begann die Mannschaft zu terrorisieren.

Dritter Törntag

„Wieso ist denn schon wieder die Sonne weg? Dreht das Boot herum!"

„Okay, auf nach Afrika!"

„Warum liegt das Boot so schräg? Mein Handtuch rutscht dauernd weg!"

„Wir segeln am Wind, Liebes!"

„Na und? Gestern lagen wir nicht schräg."

„Da kam der Wind auch von hinten."

„Dann dreht das Boot!"

„Okay, auf nach Afrika!"

„Was trampelst du denn nachts über das Vordeck? Ich will schlafen!"

„Der Wind hat aufgefrischt. Ich muß das Boot besser vertäuen."

„Gestern hast du das auch nicht gebraucht."

„Da war es auch windstill."

„Dann dreh den Wind ab!"

„…???"

„Robert, sag du doch auch mal was!"

Vierter Törntag

„Klasse! Endlich Wind! Laßt uns die Segel setzen!"

„Muß das sein?"

„Das ist hier ein Segelboot, wenn ich mich recht erinnere."

„Aber mir wird schlecht."

„Nicki! Das sind gerade einmal zwei Beaufort, und wir haben Raumschotskurs."

„Mir wird trotzdem schlecht."

„Warte es doch erst einmal ab."

„Mir ist schlecht."

„Wovon denn?"

„Ihr seid so gemein! Warum quält ihr mich so. Mir ist schlecht."

„Du hättest den warmen Mayonnaisesalat nicht essen sollen. Ich hab' dich gewarnt."

84

„Ach, jetzt ist der Salat schuld? Du hast ihn doch gekauft, und ich mußte ihn essen."

„Wer hat gesagt, du solltest ihn essen? Ich hab' gesagt, laß ihn aus dem Hals. Und ich hab' dich gewarnt, nicht gleichzeitig noch einen Liter lauwarmen Roséwein zu trinken. Seit die Kühlbox ausgefallen ist, ..."

„Ach, jetzt ist die Kühlbox schuld?"

„Hättest du nicht stundenlang den Fön laufen lassen, ..."

„Ach, jetzt ist der Fön schuld?"

„...!!!"

„Mir ist schlecht. Robert, sag du doch auch endlich mal was!"

„Der Liegeplatz ist Scheiße! Dauernd dieses Platsch-Platsch. Könnt ihr das Boot nicht woanders hinbringen?"

„Nicki, Schätzchen, da geht gerade ein Gewittersturm runter. Wir sind froh, daß wir hier leidlich ruhig liegen."

„Ich werde nicht schlafen können. Schaut mal! Da drüben ist der ganze Kai frei."

„Da steht ein Schild. Für das Ausflugsboot freihalten!"

„Das ist mir egal. Ich kann jedenfalls bei diesem Platsch-Platsch nicht schlafen. Ihr seid so gemein!"

Gewurschtel. Geiluche.

„So, meine Liebe. Bist du jetzt zufrieden?"

„Die Steglaterne scheint auf meine Koje. An unserem alten Liegeplatz war es viel dunkler. Ich kann nicht schlafen."

Fünfter Törntag

„Au! Du hast mir weh getan."

„Ich hab' was ...?"

„Du hast die Leine mit Absicht angezogen, obwohl du gesehen hast, daß ich draufsaß."

„Aber Nicki. Ich ziehe bei so wenig Wind doch nicht an der Luvvorschot."

„Du neunmalkluger Blödmann! Lügner! Du hast an dem Seil gezogen. Schau mal, Robert. Dieser feuerrote Streifen hier ..."

„Aber Liebes! Das ist ein Sonnenbrand."

„Auf welcher Seite stehst du eigentlich? So benimmt sich nicht der Vater meines Kindes!"

86

„Deines Kindes???"
„Deines Kindes???"
„Hä?"
„Glotzt nicht so blöd! Ich bin schwanger!"
„O Gott, seit wann?"
Kicher, kicher.
„Moment mal, soll das heißen, daß es das war, was du zu Hause
vergessen hast?"
„Ihr seid so gemein. Ich will sofort aussteigen. Ich wollte sowieso
viel lieber in die Schweiz. Au, au! Tut das weh!"
„Was macht dich eigentlich so sicher, daß du schon schwanger
bist?"
„Halt den Sabbel, du dusselige Kuh! Kümmer dich um deine ei-
genen Angelegenheiten. Ich will sofort nach Hause. Ihr seid sooo
gemein!"
Vorhang. Noch Fragen?

Ich weiß nicht, was schlimmer ist. Solche Landratten wie Robert
und Nicki mit Sportbootführerschein (wie sie den gemacht haben,
ist mir heute noch ein Rätsel) oder Landratten, die Segelboote nur
von Wandkalendern her kennen. Das erinnert mich an die Zeit,
als ich noch besagte Friendship 22 besaß. Sie lag an den Rand-
meeren, einem geschützten Gewässerteil des Ijsselmeeres. Über die
Woche, wenn meine beste Steuerfrau und ich bei uns in der Stadt
abends in unsere Stammkneipe gingen, wurden wir dauernd ge-
nervt, mal die Kumpels mit auf Törn zu nehmen. Monatelang
schaffte ich es, diesen Kelch an mir vorüberziehen lassen zu können. Zum einen lag es an der Überzahl unseres Freundeskreises,
mit der weder unsere Plicht noch unser Salon fertig geworden wäre, zum anderen daran, daß unsere Freunde glaubten, wir besäßen
anscheinend einen Luxuskreuzfahrtdampfer mit allem Komfort
und komm nach. An einem Abend hatten mich die Brüder so abgefüllt, daß ich mich in einer unbedachten Minute tatsächlich dazu hinreißen ließ, alle für ein Wochenende einzuladen. Zwei Leute
sollten bei uns an Bord bleiben, drei in einem Zelt übernachten.

Damit wären wir zu siebt auf einem Sechsmetersechzigbötchen gewesen. Der Horror schlechthin. Ich war das Opfer von zwei Litern Rotwein geworden.

Am folgenden Wochenende schüttete es wie aus Kannen, als wir mit zwei vollbepackten Autos am Liegeplatz ankamen. Wir flüchteten in einem heftigen Regenschauer sofort an Bord, warfen siebenundzwanzig Schlafsäcke in die Vorpiek und ließen sechzehn Kästen Bier draußen in der Plicht gestapelt liegen. Drinnen saßen wir zu siebt. Ich mußte meine Steuerfrau auf den Schoß nehmen, damit wir überhaupt in den Salon paßten. Ratlos sah ich mich um und zweifelte plötzlich daran, wie ich dieses Wochenende ohne Herzkaschperl überstehen sollte.

Die Nacht verging wie im Fluge. Zwei schliefen im Vorschiff, zwei auf den Salonbänken und einer auf dem Boden. Macht fünf Leute. Und wir? Wir schliefen im Auto. Bei zehn Grad Außentemperatur in den ledernen Rallyeschalensitzen genau das richtige für defekte Bronchien und kaputte Lendenwirbel. Anderntags mußte umgeschichtet werden. Die Bierkästen landeten im Salon und meine Mannschaft und ich in der Plicht. Bei strömendem Regen und strammem Südwestwind machten wir uns auf die Reise. Zwei unserer Bekannten hatten zum Glück Einsehen gezeigt und wollten an Land in einem Hotel bleiben. Auf meine Kosten natürlich. Schließlich hatte ich sie unter Vortäuschung falscher Tatsachen an Bord dieser Nuckelpinne geschleift. Kurz hinter der Hafenausfahrt meinte die verbliebene Restcrew, daß die Ostfriesennerze wohl doch nicht so ganz dicht seien und versprachen sich mehr Kurzweil davon, schon einmal mit dem Vernichten des ersten Bierkasteninhalts zu beginnen. Als wir die erste Schleuse erreichten, waren die drei so was von abgefüllt und sägten so lauthals in der Kajüte herum, daß wir vom Schleusenwärter gefragt wurden, ob uns der Getriebeschaden an unserem Bootsmotor noch nicht aufgefallen sei.

Noch schlimmer als blutige Landratten sind Landratten, die sich nützlich machen wollen. In Harderwijk standen plötzlich drei bierseelige Helfer auf Vor-, Seiten- und Achderdeck herum, die brennend daran interessiert waren, uns zu helfen. Nun sind meine

Anlegekünste ohnehin nicht besonders ausgeprägt, aber was sich jetzt abspielte, daran erinnere ich mich noch nicht einmal mehr in meinen wildesten Alpträumen. Die Marx Brothers im Hafen! Die Box, die wir vom Hafenmeister zugewiesen bekamen, war ursprünglich für einen Vierzehnmeterkreuzer konzipiert worden. Die Heckpfähle standen bestimmt sechs Meter auseinander. In der Box konnte man praktisch eine Optimistenregatta austragen. Ich beauftragte einen Mann, meiner Bordfrau zu helfen, die Heckleinen über die Pfähle zu werfen, einer sollte mit der Bugleine auf den Steg springen und der letzte im Bunde in Luv das Boot an dem Nachbarlieger festhalten. Langsam fuhr ich in die Box hinein. Irgend so ein Groucho Marx ließ hinter mir den Festmacher wie ein Lasso durch die Luft wirbeln. Die Schlinge traf den Pfahl. Und rutschte ab. Er stürmte auf die andere Seite und griff geistesgegenwärtig nach dem gegenüberliegenden Pfahl, nachdem seine Heckleine zur Gänze ausgerauscht und im modderigen Wasser versunken war. Tapfer hielt er die weiße Kappe des Rundholzes umklammert, veranlaßte meine brave Friendship zu einer Dreißiggradkursänderung in der Box und ihn zu seiner ersten Freestyleclimbingstunde seines Lebens. Als ich zurückblickte, hielt er in luftiger Höhe wie ein Schimpanse den Dalben umklammert. Holzdalben sind nach längeren Tiefdruckgebieten mit reichlich Niederschlag immer etwas rutschig, und so kam er gleich noch dazu, seine Freischwimmerkenntnisse aufzufrischen.

Harpo Marx, der unser Boot am Nachbarn in Luv beihalten sollte, sprang vorsichtshaber gleich auf das Nachbarboot und hielt die Friendship von dort aus an den Wanten fest. Leider konnte ich jetzt aber nicht mehr weiter in die Box hineinfahren.

„Du mußt das Boot mit einer Leine festmachen!" brüllte ich ihm zu. Mein Seitendecksmann begriff, knotete kurzerhand die Vorleine von der Bugklampe unseres Nachbarn ab und wickelte den Tampen gekonnt um Ober- und Unterwant unseres Schiffes. Das gelang ihm, denn der Besitzer des anderen Bootes hatte alle Hände voll zu tun, sich die Tränen aus den Augen zu wischen. Allerdings währte seine Freude nicht allzu lange, denn sein Boot machte sich

ohne die Bugleine selbständig und trieb vorne in unsere Box ab.
„Heckleine! Verdammt! Heckleine!" brüllte ich.
Mein Seitendecksmann stürmte in die Plicht des Nachbarschiffes, räumte dabei den aufgedeckten Tisch ab und knotete dessen Heckleine von der hinteren Klampe.
„Hier!" rief er und warf mir dessen Festmacher ins Gesicht.
Pippo Marx, mein Vordecksmann, versuchte die Lage zu entschärfen und sprang auf den rutschigen Quersteiger vor dem Bug der Friendship. Es gelang ihm tatsächlich, trockenen Fußes das sichere Land zu erreichen, allerdings hatte er in der Aufregung an etwas Wesentliches nicht gedacht. Die Bugleine lag noch als zusammengeknotetes Bündel auf unserem Vordeck. Eine Minute später trieben wir wieder im freien Wasser der Boxengasse und das Nachbarboot halb in der ursprünglich mir zugewiesenen Box. Dessen Skipper überschüttete mich mit den rüdesten niederländischen Flüchen, während seine Frau Harpo Marx mit dem Bootshaken vor sich hertrieb. Groucho kletterte über die Badeleiter in die Plicht meines ehemaligen Nachbarn und sank dort triefend naß auf die schneeweißen Kapokkissen. Pippo Marx versuchte indes noch zu verhindern, daß das losgebundene Schiff weiter nach hinten abtrieb. Leider sind Buglaternen für solche Kraftakte nicht konstruiert. Meine beste Steuerfrau von allen besah sich das Szenario und meinte trocken:
„Dreh ab! Sollen sie die Haie oder die Holländer fressen!"

Tja, es bleibt schwierig, speziell dann, wenn man Landratten an Bord dabei hat. Wieso eigentlich immer Landratten? Die Antwort auf diese Frage ist simpel. Echte Fahrensleute (sog. „Salzbuckel") haben ihr eigenes Schiff und würden bei Fremden sowieso nie anheuern. Man stelle sich vor: Sie verfügen über zwanzigtausend Seemeilen schlechte Erfahrungen, zur Zeit jedoch leider (oder sollte ich sagen zum Glück) über kein eigenes Schiff und werden zum Segeln eingeladen. Vorsicht Falle! Nepper, Schlepper, Bauernfänger! Seien Sie nur ja auf der Hut! Mit Sicherheit steckt irgendeine Gaunerei dahinter. Wahrscheinlich sucht dieser selbsternannte Menschenfreund nur einen dämlichen Trottel, der ihm helfen soll, seine altersschwache Schluffe gegen sechs aus Nordwest und mitlaufender Tide schon einmal in ein bestimmtes Urlaubsrevier zu verholen. Danach darf man sich dann freilich empfehlen. Oder sind Sie schon einmal auf einen Urlaubstörn bei Freunden eingeladen worden? Sich selbst bei irgendwem einladen würde ein gestandener Fahrensmann sowieso nie. Man weiß schließlich, was man von solchen Nassauern zu halten hat, gell? Was man nicht will, was man mir tu, das füg' auch keinem andern ... usw. usw. Kennt man ja. Nichts geht einem schlimmer auf denselbigen, als von irgendwelchen Besserwissern im Freundeskreis zu jeder Unzeit aufgefordert zu werden, sie doch gefälligst einmal mit an Bord zu nehmen. Beliebt sind die verlängerten Wochenenden über Christi Himmelfahrt, Pfingsten oder Fronleichnam. Sie liegen wegen der Schulferien der Kinder zum Glück noch nicht in der Urlaubszeit. Was läge also für solche Stegsegler näher, als sich an diesen Tagen einmal auf einen zünftigen Törn einladen zu lassen. Besonders dann, wenn man mit der Navigation, der Motorenwartung und dem Pumpklo besser umzugehen versteht und dies auch zu jeder Tages- und Nachtzeit zumindest verbal herausstreicht. Beliebt sind immer die, die es mal so richtig krachen lassen wollen. So richtige Segelstreber. Die die Seemannschaft mit Löffeln gefressen zu haben scheinen. Die einen morgens schon um halb fünf aus den Federn purren, nur weil die verdammte Tide zufällig läuft. Das tut die auch noch um siebzehn Uhr. Nur dann hat die Kneipe leider auf. Solche Typen? Um Himmels willen. Bewahre uns.

Das Problem bei uns Fahrtenseglern ist die Vereinsamung ab einem bestimmten Alter. Sofern man nicht gerade im Lotto gewonnen hat oder den Erbonkel unbemerkterweise in einem Sandgewinnungsgraben versenken konnte, kommt man wohl erst im gestandenen Alter von vierzig aufwärts an ein respektables Fahrtenschiff. Darunter verstehe ich Boote über zehn Meter, also keine Leisure 17 oder Neptun 20. Die Hersteller mögen mir verzeihen, aber mit diesen Nußschalen sollte man wirklich besser auf einem Baggersee bleiben und nicht sie dazu benutzen, uns tagelang die ohnehin viel zu rar gesäten Gastliegeplätze in den Seehäfen zu blockieren. Ältere Leute mit Kindern (also Rentner) haben selbige groß. Und die wiederum haben vom lauter Herumschippern in ihrer Jugend die Nase vom Segeln so was von voll, daß sie lieber Bergwandern gehen. Jüngere Leute ohne Kinder, also die Double-income-no-kids-Gesellschaft, verlieren hingegen den bislang angestammten Freundeskreis, weil sie die andauernden Windel- und Babynahrungsgespräche der Vervielfältigungs-Masochisten satt haben. Fazit: Ab einem Alter von vierzig Jahren an aufwärts segelt man entweder nur noch mit seiner Allerliebsten oder einhand (sofern die Allerliebste wegen andauernder Herumnörgelei bereits umgetauscht werden mußte). So einmal im Jahr, wenn einem also die Salondecke auf den Kopf zu fallen droht, lädt man sich dann Bekannte ein. Da Landratten schon einmal gar nicht in Frage kommen, also Leute mit Segelerfahrung. Wie schrecklich.

Jetzt ist es vorbei mit dem morgendlichen Ausschlafen, selbst wenn man mitnichten in einem Gezeitenrevier liegt. Leute mit Eigenbooterfahrung haben sich längst an das Platsch-Platsch des Wellenschlages, an das Pling-Pling der Wanten und das Raschel-Raschel des Windes in der Gastlandsflagge gewöhnt. Nicht so der Gelegenheitssegler, der maximal für zwei Wochen des Jahres in der Südsee, in der Karibik oder auf dem Steinhuder Meer chartert. Der steht, wie gesagt, in aller Herrgottsfrühe auf der Matte, weil er nicht schlafen kann. Um acht ist er bereits fix und fertig gewaschen und rasiert, wobei uns die ratternde Wasserversorgungspumpe unter unserer Koje das erste Mal geweckt hat. Eine Viertelstunde später sind wir dann endgültig wach, weil er sich beim Anzünden des Petroleumkochers so übel die Finger verbrannt hat, daß er schmerzverzerrt und jammernd durch die Kajüte rapt. Sofern er nicht für die nächsten Wochen seine Skinhead-Glatze unter einer Tom-Gerhard-Zipfelmütze verbergen muß, weil ihm die Stichflamme aus den nicht vorgeheizten Brennern zu einem neuen Gesichtsausdruck verhalf. Während wir in der Achterkajüte verzweifelt versuchen, den Kopf so tief unter der Bettdecke zu vergraben, daß wir dabei schon beinahe beim Saildrive ankommen, brutzeln bereits

92

die Eier in der Pfanne und pfeift der Wasserkessel so bestialisch laut, daß die Nachbarn mit den Bootshaken auf das Kajütdach trommeln. Schlaftrunken stehen wir auf und wollen diesen Irren angesichts der nachtschlafenden Zeit in die Stiefel stellen. Aber was soll man schon großartig entgegnen angesichts eines festlich gedeckten Frühstückstisches mit brennenden Kerzen, gezipfelten Servietten und ofenfrischen Croissants. Um halb neun Uhr in der Frühe.

Nachdem wir uns eine Stunde später die letzten Krümel vom Mund wischen, rödelt der Bordkasper bereits mit dem Tischstaubsauger über die Frühstückssets, entzieht uns Tassen und Teller und erledigt den verhaßten Abwasch. Motoröl, Kühlwasserfilter und Keilriemenspannung hat er auch bereits gecheckt. Bis wir uns in den Segeloverall gequält haben, sind schon die Segel angeschlagen, die Nationale gehißt, der Diesel vorgeglüht und die Festmacher auf Slip gelegt. Wir brauchen also nur noch die Segelhandschuhe überzustreifen und Kommandos zu geben. Aber wohl fühlen wir uns trotzdem nicht. Irgendwie scheint uns die Situation aus den Händen zu gleiten. Wir wissen bloß noch nicht wodurch.

Draußen dann auf See dringt der Bordgast auf uns ein, ihm doch auch einmal das Ruder zu überlassen. Schließlich sei er mit seinen Wöchner-Erfahrungen in der Südsee, in der Karibik oder auf dem Steinhuder Meer quasi ein Fachmann, gelle? Nun, es weht mit drei bis vier Beaufort aus der richtigen Richtung, und wir gönnen ihm den Spaß. Allerdings kommen wir nicht mehr dazu, es uns mit dem Zehn-Uhr-Bierchen oder dem Elfer-Genever in Lee bequem zu machen, um bei einem duftenden Pfeifchen freundlich belehrend den Stand der Genua zu kritisieren. Nein, unser Bordgast entwickelt sich zu einem Westentaschen-Dennis-Conner. Kaum hat er sich hinter das Ruderrad gequetscht, beginnt er wie wild an sämtlichen Fallen, Streckern, Aufholern, Barberhaulern und Schoten herumzuzupfen. An die Strippen, die für ihn unerreichbar bleiben, komplimentiert er uns. Auf unseren Hinweis, es sei Wochenende und wir wollten uns erholen, antwortet er nur, entweder man segele richtig oder gar nicht. Ein bißchen Segelstellung käme bei ihm ebensowenig in die Tüte wie ein bißchen schwanger. Dabei achtet er darauf, daß er auch nie im entferntesten versehentlich außerhalb des Steuerradzugriffes gerät. Stets bleibt mindestens eine Hand auf dem Rad liegen. Natürlich könnte man den Typ, der so was von nervt, jetzt ganz einfach wegschubsen. Oder ins Wasser schmeißen. Ganz, wie's beliebt. Aber man ist viel zu sehr damit beschäftigt, seinen Anweisungen zu folgen, weil es dem Bordgast gelungen ist, mit der hauseigenen Schluffe den sonst immer beim Vorbeirauschen eklig grinsenden Stegnachbarn (der mit der Stormflyer 40) so übel zu versägen, daß es schon fast peinlich ist. Einem selbst ist das nie gelungen, und jetzt kommt so'n Urlaubssegler daher und ... Übel, übel.

Ach, was soll's. Als nämlich nach zwei Stunden endlich das Tief durchzieht, ist man froh, daß man einen Dummen gefunden hat, der draußen am Ruder stehenbleibt. Sie schütteln den Kopf? Ich auch. Und der Typ pfeift sogar noch ein Liedchen. Was für ein Angeber! Dann ist der nächste Hafen erreicht und man entzieht freundlich, aber bestimmt trotz eines gewissen Widerwillens und einer latent an den Tag gelegten Aufmüpfigkeit der Gegenpartei das Steuermannspatent. Während man sich redlich abmüht, den Langkieler gegen die sechs von der Seite in die viel zu schmale Box zu manövrieren, theoretisiert dieser Heini die Seemannschaft mit der Unnachgiebigkeit eines Universitätsprofessors. Nachdem wir dann zweimal beim Drehen in der Boxengasse die Pfähle geschrammt und die Nachbarliege touchiert haben, packen wir schließlich den Kerl am Schlafittchen. Er wird schlagartig verstummen. Auch Bordgäste wollen das Pensionsalter erreichen.

Von Pampers-Piraten
und Opti-Freaks

Nachdem ich im vergangenen Jahr von verschiedenen Eltern-zeitschriften und deren Lesern (also denen, die sich aufgrund eines paranoiden Vervielfältigungsdrangs in jüngster Vergangenheit Milupa-Rocker angeschafft hatten) zum Unmenschen des Jahres gekürt worden bin, möchte ich an dieser Stelle einmal etwas klar stellen. Ich habe nichts gegen Kinder! Jeder sollte welche haben. Dann wären zwar die Ankerplätze in den geschützten Buchten noch voller, aber dafür die Rennstrecken auf der Nordsee endlich leerer. Dennoch: Kinder (Babys sowieso) und Boote sind der Anachronismus schlechthin. Woran liegt das? Nun, Kinder können sich nicht wehren. Sie haben gegen den gestrengen Herrn Erzeuger ohnehin die schlechteren Karten, und Mutti hat alle Hände voll zu tun, den Eimer so zu halten, daß gegen sechs von vorne und Tide von achtern ihr Mageninhalt dort hinein und nicht in den Schoß des nigelnagelneuen Designeroveralls plumpst.

Kinder wollen sich bewegen. Sie wollen spielen und toben und nicht auf einer schaukelnden, nach Dieselausdünstungen riechenden, schwimmenden Besenkammer zusammengepfercht und dahin und dorthin verschleppt werden. Kinder können doch nichts dafür, daß sie so sind, wie sie sind. Lauter kleine Alfs und Garfields. Faul, gefräßig und bis zum nächsten Hafen mit der Planung oder bereits Umsetzung übler Streiche beschäftigt. Sie staunen? Ah, Sie haben noch keine Kinder? Sie schmunzeln? Ah, Sie haben schon Kinder? Sie entrüsten sich? Ah, ein Stadtmensch. Sie glauben wohl auch, daß wir hier oben ... oh, pardon! Wissen Sie, wenn neben mir im Stadthafen eine Familiencrew anlegt, dann weiß ich spätestens, wenn das Schiff längsseits liegt, wo der Bartel den Most holt. Eltern, also die mit dem paranoiden usw. usw. (siehe oben), lassen sich in zwei Kategorien einteilen. Das sind zum einen die total geschafften, ausgepowerten Deadliner, die von Ramsgate quer über siebenunddreißig Verkehrstrennungsgebiete herüberkommend ihren seglerischen Burn-out an der Ansteuerungstonne von Den Helder von einer Grundsee über den Noordergronden gelöscht bekamen und sich nun mit zitternden Händen die zollfrei eingekaufte Flasche Singlemalt-Whisky dermaßen hastig gegenseitig an den Hals setzen, wobei dadurch der seitlich an den Lippen vorbeilaufende Alkohol auf der am Overallkragen aufgescheuerten Haut mehr Pein als Genuß verschafft. Währenddessen krabbeln die lieben Kleinen quietschvergnügt aus der Achterkajüte hervor, greifen sich die Krabbennetze und tummeln sich über die Reling, um den einheimischen Schalen- und Krustentieren das Fürchten zu lehren. Merke: Kinder total überforderter und gestreßter Eltern überstehen einen Langtörn merkwürdigerweise leichter als der Nachwuchs der sich stets locker gebenden Pseudoweltumseglerelite.

Darunter verstehe ich die andere Gruppe segelnder Familienvorstände, die spätestens dann, wenn die Hafenmolen passiert sind, die Beinahekatastrophe bei der Ansteuerung des Seegats, die durchgerissene Sturmfock, die Masernerkrankung der Kleinen und den stets wohlgefüllten Plichteimer (für das Unaussprechliche) weit aus ihrem Unterbewußtsein verdrängt haben. Liegen sie endlich vor Heck- und Bugleinen in der Box und werden von ihren Nachbarn auf die Überfahrt mit dem kleinen Kind angesprochen, dann sollen Sie einmal sehen, was Sie zu hören bekommen. Besonders dann, wenn unsere Neuankömmlinge mit genügend kinderreichem Publikum in Hörweite rechnen dürfen.

„Überfahrt? Klasse! Ich sag's ja, Segeln mit Kindern ist super! Ah, die frische Luft tut der Göre einmal richtig gut. Die war damals schon zwei Wochen nach der Geburt an Bord. Die ist so richtig mit Seewasser getauft. Was meinen Sie? Probleme? Na ja, sie hat sich in der Schule wohl die Masern eingefangen. Aber wo könnte sie die besser auskurieren, als bei uns an Bord?"

„Sie haben keine Kinder? Schade. Da entgeht ihnen aber etwas. Das sind ganz andere Erfahrungen als bei uns daheim. Hier an Bord sind wir eine richtige Gemeinschaft. Natürlich muß jeder auf den anderen Rücksicht nehmen. Wo käme man auch sonst auf einem Achtmeterboot hin? Aber die Kleine ist gut erzogen. Und wie

Mädels eben so sind. Viel härter im Nehmen als Jungs." Fragen Sie aber nicht, was die Kleine, die mit neununddreißig acht schweißgebadet im Vorschiff im Delirium phantasiert, für eine Einstellung zum Segeln hat. Genauso herausgehoben klingen jetzt die Kommentare der Aufsichtsratsvorsitzenden (Kapitäne, Navigatoren) auf den kinderreichen Nachbarbooten.

„Ach ja, das wollte ich auch schon immer mal machen. Aber meine Frau ... Sie wissen ja, wie die Frauen sind. Na, mal schauen, wenn mein Kleiner etwas älter ist. Dann nehme ich mir mal unbezahlten Urlaub und geh' mit dem auf Langtörn."

Beobachten Sie seine Frau. Schmunzelt sie dabei, dann vergaß er mit Sicherheit zu erwähnen, daß Klein Rübstiel gewöhnlich bereits nach Passieren der Hafenmolen das erstemal den Salonboden vollko... und der Skipper schon beim unbeabsichtigten Blick in die dunkle Kajüte seekrank wird. Ohne sie, die selbst beim magennervenzermürbenden Anlaufen von Ijmuiden gegen die Tide erbarmungslos nach unten geschickt wird, um im Seehandbuch, im Gezeitenkalender und im Stromatlas nachzulesen, warum ausgerechnet an einem Tag wie diesem die Tide um drei Stunden zu früh umschlägt, wäre das Ehegespons nebst Nachwuchs so aufgeschmissen wie ein LKW-Fahrer auf dem Eltzer-Berg ohne Bremsen. Oder nehmen wir einen anderen Monolog.

„Haben wir alles schon gemacht. War super, wie Sie schon sagen. Einmaliges Erlebnis für die ganze Familie. Was meinen Sie, was die Kleinen daheim erzählen können. Davon zehren die ihr ganzes Leben. Das ist schon was anderes, als diese langweiligen Ferien in den Bergen oder die Strandurlaube auf Mallorca."

Auch hier werden wieder die Augen der Skippersgattin Bände sprechen. Die rollen erst noch verzweifelt und weit aufgerissen in den dunkel geränderten Höhlen herum, während die Besitzerin kurz darauf fassungslos hintenüber in den Salon stürzt. Die Überfahrt von Makkum nach Vlieland dauerte zehn Stunden, weil sich der Skipper beharrlich geweigert hatte, den Motor mitlaufen zu lassen. Schließlich hatten sie sich im Wellengang über den Sandbänken festgestampft, woraufhin sich achtzig Prozent der Besatzung auf

98

zehn Prozent des Bootsinnenraums (Toilettenraum) zurückzog und den vor Panik halb ohnmächtigen Segelajatollah mutterseelenallein in der Plicht mit sich und seinem schwächlichen Erinnerungsvermögen an die Gezeitennavigation zurückließ. Schließlich brummten sie irgendwo voll auf, was für kurze Zeit etwas Ruhe ins Boot brachte, aber nur so lange, bis es sich der Einsachtzigkieler mit siebzig Grad Lage inmitten einer erzürnt brüllenden Seehundkolonie bequem machte. Als schließlich das Wasser wieder auflief, mußten sie mit Vollgas nach Vlieland gegen den Strom einlaufen, was den Motor veranlaßte, seinen Unmut über diese einstündige rüde Behandlung dadurch zum Ausdruck zu bringen, daß er seitdem nur noch auf einem Zylinder lief. Mutti hatte jedenfalls den darauffolgenden Tag genug damit zu tun, sich beim Hafenmeister einen Hochdruckreiniger auszuleihen, um die Kajüte und die Innenseite des Kapitänsoveralls von gewissen Körperausscheidungen zu reinigen.

Will damit sagen, je naßforscher die Eltern, desto bemitleidenswerter der zum Segeln verdonnerte Nachwuchs. Je einsilbiger sich die Segelobristen im Hafen zeigen, desto ausgelassener werden die Kleinen über die Stege springen. Häufig sind aber nicht Wind, Wellen und eigene Unpäßlichkeit an dem zu erwartenden Gefühlsumschwung schuld, sondern die leichtsinnigerweise mitgenommene Brut. Man hätte sie lieber daheim bei Oma und Opa lassen sollen, wo sie denen mit ihrem ständigen Indianergeheul auf den Wecker fallen können. Nächstes Jahr wird alles anders.

Solange Klein Rübstiel oder die Kleine noch nicht aus dem ihr zugewiesenen Tragekörbchen aus freien Stücken heraus können, besteht für die Schiffssicherheit noch wenig Gefahr. Höchstens wächst der Batterienverbrauch im umgehängten Walkman, der mit Sonaten von Bach oder mit Softrock gegen das kindliche Heavymetal-Geheul, das aus einer oder mehreren hungrigen Kehlen im Stundenrhythmus ertönt, anzukommen versucht. Vielleicht ist man aber schon so taub von dem Lärm, den diese Pampers-Piraten verursachen, daß man selbst das Nebelhorn des in Armabstand vorbeirauschenden Hunderttausendtonnentankers nur noch als leises Schnarren des

Trommelfells wahrnimmt. Gefährlich für die eigene Gesundheit und die Bootssicherheit wird die Lage dann, wenn der Nachwuchs zu krabbeln beginnt. Jetzt folgen Katastrophe auf Katastrophe. Nichts ist vor der Wander-, Experimentier- und Erforschungslust der Strampler mehr sicher. Schapps stehen urplötzlich offen, sofern die hierfür Verantwortlichen nicht bereits frühzeitig von einer Luvschublade bei dreißig Grad Lage getroffen in eine vorübergehende Ohnmacht versenkt werden. Dann lassen sie solchen Schabernack in Zukunft recht schnell sein. Gas- und Ventilhähne scheinen ein Eigenleben zu führen. Scheinbar hat sich ein Telekinetiker an Bord verirrt. Jedenfalls kommt man kaum noch nach, die sich andauernd öffnenden (Toilette, Wasch- und Spülbecken) oder von selbst schließenden (Kühlwassereinlaß) Ventile wieder in die richtige Position zu bringen. Beliebtes Ausflugsziel ist auch der Navigationssitz. Hier befinden sich die tausend Schalter und Birnchen, die herumleuchten, flackern oder sonstwie blinken. Die wollte man doch schon immer mal in die kleinen Patschhändchen nehmen. Zwischen Ramsgate und Hoek van Holland ist im Nebel dann plötzlich die GPS-Wegpunktdatei gelöscht oder morgens der Stromvorrat verbraucht (wegen der stundenlangen Festbeleuchtung von Dreifarben-, Anker-, Bug-, Hecklaterne und Dampferlicht). Tagsüber muß ein Mitglied des Bordpersonals permanent Wache gehen. Aber nicht an Deck, sondern im Salon und den übrigen Kabinen. Merke: Je größer das Boot und je mehr krabbelnde Kinder an Bord, desto schneller der Alterungsprozeß bei den Elternteilen. Nachts schläft man abwechselnd. Einer bleibt ständig mit einer Halogentaschenlampe und einer geladenen Signalpistole in der Nähe der sensibelsten Bordaggregate in Habachtstellung. Auch wenn die lieben Kleinen schlafen. Man weiß ja nie ...

Wehe, wenn sich unsere Alete-Gang selbständig ihrer Windeln zu entledigen lernt oder zu laufen beginnt. Bin ich schon wieder bei den Windeln. Ein schier unerschöpfliches Thema. Sauberkeit an Bord ist wichtig. Sauberkeit an Bord ist jedoch auch eng mit den Körperkontrollfähigkeiten der lieben Kleinen verbunden. Die heimische Windelindustrie macht es der segelnden Glucke auch wirklich zu einfach. Gebrüll. Schnüffel-Schnüffel. Aha! Windel aus. Wisch-Wisch. Windel an. Allseits zufriedene Gesichter. Achten Sie aber darauf, daß Ihre lieben Kleinen nicht irgendwann einmal mit Windeln eingeschult werden müssen.

Was für eine absurde Vorstellung, werden jetzt gestandene Mütter unter meiner Leserschaft aufgebracht rufen. Meine Damen! Aber, aber! Ich stimme Ihnen zu, wenn Sie behaupten, daß Ihr Kläuschen oder Ihr Lieschen schon mit elf oder zwölf Monaten sauber waren. Keine Frage. Aber waren Sie mit den lieben Kleinen in deren zarten Kindesalter auch schon auf See? Nein? Sehen Sie! Ich habe mich im Vorgriff auf dieses Kapitel etwas schlau gemacht. Niemand soll behaupten, ich würde hier bloß herumtheoretisieren. Die einhellige Meinung der Kindererfahrenen ist die, daß man Kinder dadurch sauber bekommt, indem man sie einfach auf den Topf setzt. Der Nachwuchs sollte allerdings noch nicht laufen können. Dann nämlich kann er sich noch nicht unerlaubt entfernen. Diese Prozedur wird zwar je nach Auffassungsgabe der Nachkommen zwischen zwei Wochen und sechzehn Monaten in Anspruch nehmen, aber hinterher kann man Mädelchen oder Bübchen ohne weiteres allein mit Unterhose als Lendenschurz unter Kleidchen oder Höschen herumlaufen lassen, ohne ständig der Gefahr ausgesetzt zu sein, beim Hafenmeister nach dem Hochdruckreiniger fragen zu müssen. Optimal erscheint es, erst einmal die Kleinen sauber zu kriegen, bevor man sie an Bord verholt, wo sie es ohnehin schwer haben werden, sich auf dem schaukelnden Untergrund ihres Bekleidungsbeiwerks in der Schnelle zu entledigen, daß der aus gewisser Körperöffnung dringende Inhalt auch noch den Topf erreicht. Der Topf an Bord ist natürlich die Pumptoilette. Die Bedienungsanleitung liest sich wie eine Notfallanweisung für ein ausgerastetes Kernkraftwerk. Sie steigen selbst nur so lala durch. Der Pumpenschwengel läßt sich nur mit Gewalt auf und ab bewegen, und die dazugehörenden Seeventile beugen sich schon seit langem nur noch brachialer Gewalt. Im übrigen sitzt man auf der schmalen Brille im Seegang so sicher und bequem wie auf einem versehentlich gesattelten Bullen. Wie also sollen die Kinderchen damit überhaupt klarkommen. Wenn Sie also nach einer mehrstündigen Funkstille zur Gewissensberuhigung einen Kontrollgang in Richtung des bordeigenen Torpedoabschußraums wagen, werden Sie den Sprößling mit großen Augen hinter dem Vorschiffsschott hervorlugend und ihre Naßzelle in einer unaussprechlichen Farbgebung und Geruchsbildung vorfinden. Die Ausscheidungen schwappen sowohl in der Muschel als auch auf dem Boden hin und her, was Sie veranlaßt, von Wellengang und Geruch dermaßen angeregt, kopfüber noch eins draufzugeben.

Vorsicht, Vorsicht! Glauben Sie jetzt bloß nicht der Windelreklame, die der unerfahrenen Hausfrau und Mutter Glauben machen will, daß die oder der liebe Kleine noch mit drei Jahren auf dem Kindergeburtstag den trockensten Hintern von allen in die Kamera zeigen kann. Natürlich sind Windeln an Bord bequem. Keine Frage. Besonders dann, wenn der liebe Nachwuchs, dem Kindergartenalter bereits verdächtig nahe, sich beharrlich weigert, auf dem Topf bzw. der Bordtoilette sitzen zu bleiben. Bringen Sie doch einmal ein halbwegs aufgewecktes Kind dazu zu begreifen, warum es daheim die Woche über den verhaßten, weil langweiligen und stets eiskalten Blech- oder Kunststofftopf benutzen soll, während es an Bord in aller Gemütsruhe die Pampers durchknallen darf. Das Abrichten auf Sauberkeit wird zu einem gefährlichen Geduldsspiel zwischen Mutter und Kind, das, wie meine Erfahrung zeigt, häufig genug vom Nachwuchs gewonnen wird. Total frustriert vom Dauergebrauch des Hochdruckreinigers bzw. dem Nervenzusammenbruch nahe, wird die Mutter wieder zur Windel greifen und auf einen gewissen Selbstheilungsprozeß hoffen. Und auf den wartet sie noch vergebens, wenn der Teenager bereits zum wiederholten Male auf das ausstehende Sportabitur angesprochen wird.

Riskieren Sie keinesfalls, Ihr Kind an Bord trocken zu bekommen. Ein allzu naßforscher Vater verlangte letztens von seiner Frau, dem Kind doch einfach die Windeln auszuziehen. Wenn ihm in Ermangelung eines Auffangbehältnisses alles Unaussprechliche die Beine herunterlaufen und schrecklich jucken würde, dann käme der Sprößling schon von ganz alleine auf die Idee, die Vorzüge einer Toilette

102

schätzenzulernen. Zu Hause können Sie notfalls die Berberteppiche und die Nappaledergarnitur mit einer Anstreicherplane und Küchenkrepp abdecken. An Bord erweist sich diese Lösung als nicht von Dauer, weil Plane und Papier allzuleicht ins Rutschen geraten. Und ich kann Ihnen eines verraten. Volle Windeln stinken schon bestialisch genug, vollgesch... Salonpolster und Teppiche müssen hingegen hinterher als Sondermüll entsorgt werden. Ich kenne bis heute noch kein Polster, das den Reinigungsversuchen mit Ammoniak und Löschkalk widerstanden hat. Sondermüllentsorgungsstellen findet man aber nur in den allerwenigsten Häfen. Oder wollen Sie ständig in wachsamer Begleitung der Rainbow-Warrior von Greenpeace segeln? Stimmen Sie mir jetzt endlich zu, daß Kinder bis zum Erreichen des Erwachsenenalters an Bord nichts zu suchen haben?

Nein? Sie sind ein Besserwessie? Ah, Sie haben Ihren Sprößling einfach der Oma überstellt und sich für sechs Wochen mit dem herrlich duftenden und blitzblanken schwimmenden Wohnzimmer zu den Äußeren Hebriden aufgemacht? Zweitausend Seemeilen von Ihrem Schreihals entfernt? Soll doch die alte Dame den Nervenzusammenbruch bekommen, während sie den aussichtslosen Kampf zwischen sauberem Parkett und stinkender Heulboje tagein, tagaus aufs neue verliert? Sie sind mir eine! Aber clever! Muß ich schon sagen. Hinterher gibt's zwei Möglichkeiten. Entweder ist der oder die liebe Kleine endlich sauber oder reif für die Psychotherapie. Zusammen mit Omilein.

Wie ich als anerkannter Kinderloser überhaupt dazu komme, mich mit solch diffizilen Problemen derart dezidiert zu beschäftigen, möchten Sie wissen? Haben Sie keine Bekannten, die auf der Schattenseite des Lebens stehen? Also Leute, die neun Monate nach einem erotischen Auswärtsspiel in einem Romantikhotel fassungslos auf ein brüllendes Energiebündel der Marke „Rosemary's Baby" starren. Und auf den Beipackzettel mit dem Hinweis „vom Umtausch ausgeschlossen". Die jetzt verzweifelt versuchen, Aufzucht und Hobby unter einen Hut zu bringen.

Die Windelproblematik ist jedoch nicht der einzige Knackpunkt an Bord mit Kleinkindern. Wie gesagt, solange sie noch im Trage-korb liegen und die Eltern genügend Ohropax gebunkert haben, besteht relativ wenig Gefahr für Boot und Mannschaft. Wehe aber, so ein Drei- bis Vierjähriger gerät vorübergehend ohne elterliche Aufsicht in die Nähe ... Nein, nicht des Barschranks, obwohl ich gerne einmal einen Vierjährigen schmutzige Lieder singen und wie ein Bierkutscher laut rülpsen hören möchte. Ich weiß, ich weiß! Alkohol ist tödlich gefährlich für Heranwachsende. Aber lustig wär's trotzdem! Nein, nicht in die Nähe des Barschranks, sondern des Werkzeugkastens. Was denken Sie, ist gefährlicher? Ein Drei-käsehoch mit der Elektrobohrmaschine in der Rechten und einer Wasserpumpenzange in der Linken oder der Chef der selbster-nannten Kraijna-Serbenrepublik. Da überlegen Sie noch? Wohl auch bloß Einhand- oder Zweihandsegler, was?

Ein Vierjähriger mit ungehindertem Zugriff auf den bordeigenen Werkzeugkasten und das dazugehörige elektrische Equipment ver-schafft dem Skipper erfrischende Kurzweil. Plötzlich scheint der Bootsboden im Kloraum von Bohrwürmern befallen zu sein. Aus tausend kleinen und kleinsten Öffnungen sprudeln salzige Wasser-fontänen. Merkwürdig. Aus den Beschreibungen der Weltumsegler weiß man, daß Bohrwürmer allenfalls heute noch in der Südsee hei-misch sind, ausschließlich Holzboote befallen und mitnichten ge-gen Plastik-AIDS epoxidharzversiegelte Joghurtbecher. Merkwürdig auch, daß die Löcher alle denselben Durchmesser aufweisen und in einem sogar ein abgebrochener Zweieinhalbmillimeter-Metallstift steckt. Beim darauffolgenden Kreuzkurs biegt sich der Dreizehn-metermast wie eine Kokospalme im Wind. Ja, Herrgott, wie be-kommen denn die Stahldrähte im Rigg innerhalb einer Woche soviel Lose? Handelt es sich hier etwa um ein Reck-Rigg? Wie dem auch sei, der Vater wird erst einmal querab der nächsten Untiefen-tonne mit Schraubenzieher und Dreizehner-Maulschlüssel auf die Seitendecks kriechen und sich dort einmal rechts und links von den Anderthalbmeterwellen abduschen lassen. Dabei wird er seiner Verwunderung freien Lauf lassen, auf welch unerfindliche Weise die sündhaft teuren Patent-Spannschraubensicherungen verlustig gehen konnten. Allergrößte Kurzweil beschert ihm jedoch die Kleine, die unlängst auf Mamis Bastelarbeit in der Spielgruppe ein zu scharfes Auge geworfen hat und seit Ramsgate auf dem Weg quer über die siebenunddreißig Verkehrstrennungsgebiete aus dem Übersegler kleine Kaffeetassenuntersetzer schnippelt.

Apropos Spielgruppe. Na ja, kleine Kinder so ab Krabbelalter wollen natürlich ausgiebig bespielt werden. Dies gilt besonders an Bord, wo dem kindgerechten Spieltrieb jedoch zumindest oberhalb der Wasserlinie (also an Deck) von Daddy und Mami enge Grenzen gesetzt werden. Entweder wird der Dreikäsehoch an irgendeinem festen Punkt an Bord angeschnallt wie ein Husky im Schlittengeschirr, oder er wird in eine Rettungsweste gepackt, mit der er auch im heißesten Hochsommer herumlaufen muß, oder der Seezaun wird abgespannt wie ein Tennisplatz. Wenn ein Bekannter von mir nebst Töchting in den Hafen einläuft und beim Einfahren in die Box einen der Dalben rammt, dann rufen ihm die anderen schon von weitem „Einstand!" oder „Matchball!" zu. Und er wird laufend gefragt, ob das GS hinter der Typenbezeichnung des Bootes wohl „Grand Slam" bedeutet. Bei uns an Bord darf die liebe Kleine herumlaufen wie sie will. Das nutzt sie auch seit sie nur irgendwie stehen konnte weidlich aus. Wir unterhalten nämlich auch keinen schwimmenden Centercourt. Allerdings wieselt Mamilein auch ständig wie ein aufgescheuchtes Karnickel hakenschlagend hinter ihr her. Die Kleine taucht nämlich mittlerweile schon ziemlich blitzschnell zwischen den Wanten bzw. unter den Schoten der am Vorstag aufgerollten Genua hindurch und auf den völlig ungesicherten Ausstieg im Bugkorb zu (wobei ich bemerken muß, daß wir mit dem Heck zum Steiger liegen), was die keuchende Erziehungsberechtigte schon zu exorbitanten Hechtsprüngen veranlaßt hat. Kein Wunder, daß sie eine ziemlich rigide Auffassung unserem netz- und doppelbodenlosen Boot gegenüber entwickelt hat.

Meine Güte, was soll denn der Geiz! Laßt die Kleine doch toben. Wenn sie ins Wasser fällt ..., es gibt doch noch Bootshaken! Wie, ich sei verantwortungslos? Blödsinn! Wenn sie ins Wasser fällt, dann habt ihr zwar zehn Minuten zweistimmige Schreierei (Mutter und Tochter, Sopranduett), aber endlich für den Rest eurer Tage Ruhe. Die Kleine hat dann soviel Manschetten vor dem Wasser, daß die in den ersten Monaten nach dem Hechtsprung schon um eine feuchte Wiese einen weiten Bogen macht. Was meint ihr? Ich soll nicht so blöd daherreden, sondern erst mal selber Kinder kriegen? Erstens ist das bei männlichen Spezies unserer Gattung biologisch-technisch unmöglich und zweitens muß man das Tennisnetz ja nicht gerade Anfang März abbauen.

Wir waren noch beim Bespieltwerden. Da gibt es seit einigen Jahren phantastisches, bordgerechtes Spielzeug: Duplosteine. Das ist Lego für Kurzsichtige. Mein Kumpel Gerd, der mit der angehenden Opti-Primadonna, braucht seit der Anschaffung keinen Klinometer mehr an Bord. Wie, Sie wissen nicht, was ein Klinometer ist? Ich denke, Sie haben einen Segelschein? Also, Klinometer sind Umkipp-Anzeigegeräte. Neudeutsch auch Krängungsmesser genannt. Haben Sie bestimmt schon mal im Cockpit japanischer Pseudogeländewagen gesehen. Beim Fahren können Sie auf dem Klinometer ganz bequem ablesen, wann der Wagen im Gelände exakt umkippt. Ein Boot kippt natürlich nicht um (das heißt: sollte es nicht), aber der Klinometer oder Krängungsmesser zeigt hier an, wann es beispielsweise Zeit zum Reffen ist, weil Kleinkind und Jugendamt auf Dauer sonst eine gewisse Abneigung gegen Vatis Hobby zu zeigen beginnen. Gerd orientiert sich wie gesagt seit neuem an den Duplosteinen seines Töchtings. Purzeln die nämlich unter dem Wehgeschrei von Mutter und Tochter durch den Salon, wird es Zeit, das Privatmatchrace mit dem verhaßten Stegnachbarn (der mit demselben Bootstyp immer eine Stunde früher im Hafen ankommt) abzubrechen, zähneknirschend dem Kontrahenten, der zum Gruß einen Tampen schwenkt, den Vortritt zu lassen und abzufallen und/oder zu reffen. Sch...spiel!

So, die Duplos sind verstaut, und die oder der liebe Kleine muß ins Bett. Hmmmh! Ein Leckerbissen für uns Double-income-no-kids-Segler. Jedenfalls, solange man irgendwann das Boot, auf das man zu einem Dämmerschoppen eingeladen ist, auch fluchtartig verlassen kann. Lassen Sie sich also nur ja nie auf einen Familien-

sommertörn zu fünft oder zu sechst ein. Und wenn deren Boot noch so groß ist. Was meinen Sie, wie begeistert Kinder sind, wenn man sie, während draußen noch die Junisonne lacht, ostentativ in die Koje steckt. Die werden Ihnen was husten oder Schlimmeres. Kinder, so in einem Alter zwischen zwei Tagen und achtzehn Jahren, haben überhaupt kein Verständnis dafür, daß Erwachsene ein paar Minuten des Tages mit Gleichgesinnten (zumindest was das Segeln, nicht was das Bekommen derselben angeht) alleine sein wollen, ohne daß ständig eine vorlaute Stimme „Was macht ihr da?", „Ich muß Pipi!", „Will auch Kekse!" usw. usw. dazwischenkräht. Reden Sie sich nicht in Wallung, Madame! Wenn Sie tatsächlich den ganzen Tag ohne eine Minute Ruhe auskommen können und auf die interessante Gesellschaft bzw. die anregende Abendunterhaltung mit solch netten Leuten wie Kinderabstinenzlern (die mit den zweitausend Seemeilen pro Jahr auf dem Sumlog) verzichten wollen, dann lassen Sie sich besser einmal untersuchen. Es könnte sein, daß bei Ihnen bereits der Kleinkinderwahnsinn (so eine Art Rinderwahnsinn im Endstadium) ausgebrochen ist.

Ich priemel mir jedenfalls immer einen, wenn an Bord unserer Bekannten dem Kind „vom schönen Tag" vorgelogen wird. Kennen Sie nicht? Ach, das ist auch so ein pseudo-kindgerechter Blödsinn, wie er heute meist in Still- und Spielgruppen unter den gelangweilten und völlig unausgelasteten Kinderwagenpilotinnen die Runde macht. Ganz einfach. Abends geht man mit dem Kind (freilich in kindgerechter Sprache und ohne dasselbige wegen der nahen Schlafenszeit bzw. sich selbst irgendwie verbal zu beunruhigen) die Erlebnisse des Tages noch einmal durch. Da komm' ich mir vor, als würde Mutti irgendeinen Blödfug aus einer über die Landesgrenzen hinaus bekannten Boulevardzeitung zum besten geben. Kein Wort davon, daß dem Papi beim Wenden an der Untiefentonne die Winschkurbel aus der Hand gefallen ist und die Mutti die Schuld dafür bekam (Schotenzerren ist eigentlich ihr Job). Oder, daß es mittendrin so übel zu Schütten begann, daß Mutti endlich auch mal ans Steuer durfte, während sich Papi im Salon ein Bierchen nach dem anderen einpfiff. Und das, obwohl es erst halb elf Uhr morgens war. Was den Papi nicht juckte, woraufhin es zu einer etwas einseitigen, jedoch heftigen Diskussion kam, die Papi für sich entschied (erstens war er ziemlich schicker, zweitens hörte der Platzregen auf, und er wollte wieder ans Ruder). Und erst recht kein Wort über das hervorragende Anlegemanöver, bei dem die halbe Scheuerleiste auf der Strecke blieb und der Nachbar in der Box nebenan einen Herzkaschperl erlitt, weil plötzlich zehn Zentimeter seiner Badeplattform fehlten. Nein, vom schönen Tag erzählen, das ist so wie Politik. Haushaltsdebatte im Bundestag, während der der Finanzminister dem staunenden Publikum im Plenum und auf den Besucherrängen angesichts einer Staatsverschuldung von einer eins und zwölf Nullen dahinter (und das alles in Cashgeld) weis machen will, daß die Regierungskoalition auch im vergangenen Jahr zwar ihr gesetztes Planziel nicht vollständig erfüllen konnte aber dennoch sparsam gewirtschaftet hat. Das nächste Mal erzähle ich der Kleinen mal was vom schönen Tag! Dann geht die Welt unter. Dann ist Schluß mit dem Glücksgefasel! Dann wird die Kleine, geschockt und bis ins Mark ihrer kindlichen Knochen zwar getroffen, aber endlich einmal begreifen, daß man vieles am schönen Tag ziemlich relativieren muß. Besonders, wenn man Segler als Eltern besitzt.

Überspringen wir die folgenden Monate und Jahre und beobachten unsere Testfamilie, wenn der Nachwuchs so sieben, acht Jahre alt ist. Ein gefährliches Alter. Sowohl für Eltern, Boot und Nachwuchs. Die Eltern tragen allesamt Hörgeräte und sind Stammkunde bei den örtlichen Psychotherapeuten und in den Selbsterfahrungs- und Selbsthilfegruppen. Das Boot läßt sich nur noch an Leute verkaufen, die nach unzähligen Nasenscheidewandoperationen sowieso nichts mehr riechen. Und die lieben Kinderlein, die irgendwann einmal kamet, düsen wie die Bekloppten mit dem übermotorisierten Schlaucher oder dem künstlich übertakelten Opti durch den Hafen. Die Aufwuchszeiträume der Nachkommen maritimer Eltern lassen sich wie folgt einordnen: Windelalter, Trotzphase (so vier bis fünf Jahre, manchmal auch bis ins vierzigste Lebensjahr und später), Aubo- und Optialter, Pubertät, Eltern-die-

Yacht-für-Törns-mit-Kumpels-Wegnehmphase. Ich weiß nicht, welcher Zeitraum der schlimmste ist: die Trotzphase oder das Optialter. In der Trotzphase würden sie gerne können, dürfen aber noch nicht, im Optialter (so ab sieben aufwärts) dürfen sie gerne können, wollen aber nicht. Zumindest wollen sie nicht gehorchen. Versuchen Sie mal einen aufgeweckten Siebenjährigen oder eine kesse Achtjährige vom weit entfernten Cockpit aus zu überzeugen, daß er/sie das Herumgebrause mit Speed-Schlaucher oder Renn-Opti im sowieso schon völlig überfüllten Hafen sofort zu unterlassen hat. Schließlich hat der Oldie das Fortbewegungsgerät doch weiland extra dazu angeschafft, daß man wenigstens so lange Ruhe vor der eigenen Brut hat, bis der Sprit alle oder der Wind auf handige Stärke abgeflaut ist. Dann nämlich wird's langweilig, und die Micky-Maus- und Bravoleser werden anlanden, weil es an Bord nicht nur morgens um halb zehn in Deutschland die leckeren Kekswaffeln gibt. Schlaucher und Opti werden nachlässig angebunden längsseits gelegt, was den Skipper nicht allzuselten zu akrobatischen Einlagen veranlaßt. Dann nämlich, wenn es darum geht, noch schnell von der Badeplattform aus die im Wasser treibende Leine zu greifen, bevor sich das Sportgerät vollends auf einen subversiven Egotrip quer durch den Hafen machen kann.

Alles wird bei uns reglementiert. Durch die Watten darf man kaum noch während der Hochwasserzeit segeln. (Was macht man eigentlich dazwischen? Sich in Luft auflösen?). Für alles braucht man einen Führerschein oder sonst eine halbamtliche und völlig unnütze Bescheinigung (Hauptsache mit einer Menge wichtig aussehender Stempel). Selbst die Rettungswesten vom letzten Mallorcacharterflug muß man schweren Herzens ausmustern, weil irgend so eine blöde Euro-DIN-Norm fehlt. Wer aber verbietet endlich Kinderbesitzern, dem Nachwuchs im Hafen segelnde oder motorbetriebene Pseudosportgeräte zur Verfügung zu stellen?

Man kann sich darüber streiten, was gefährlicher ist. Der mit zig PS motorisierte, aber wenigstens weiche Plastikrenner, oder die zwar langsame, aber eklig harte Außenhaut eines Jüngstencuppers. Beim Schlaucher tun wir uns leicht. Da reicht der unbemerkte, aber sichere Griff an einen dieser im Ausland bestimmt nicht erhältlichen abschraubbaren Ventilstutzen. Oder ein paar Würfelchen Zucker zur Verfeinerung des Gemisches. Oder notfalls halt das Messer oder eine geladene Winchester (pfui, wie bourgeois!). Schlaucher sind schnell und laut. Aber mit ihnen läßt sich nicht allzuviel Schaden anrichten, auch wenn die rasante Full-speed-Wende um den einzigen freien Dalben im Hafenbecken einmal nicht vollständig gelingt, weil man in Führung liegend mehr der nachfolgenden Konkurrenz Augenmerk geschenkt hat als dem Gastlieger, der da am Gästesteiger völlig regelwidrig festgemacht hat. Der Schlaucher wirbelt um die eigene Achse, donnert gegen die Bordwand des Ankömmlings und bewirkt infolge der Cocktailgläser, die auf dem Klapptisch (und nicht nur dort) schlagartig eine neue Position einnehmen, bei den Bewohnern gewisses Interesse. Bis der Bootshaken sein Ziel erreicht hat, befindet sich der Außenborder-Schumacher längst wieder auf der Piste. Ganz anders bei dem Optifreak. Sie sitzen mit ihrer Gattin in der Plicht. Ach, ist das entspannend. Diese Ruhe! Du, Elfriede, sieh mal. Der Kleine dort. Der mit Vaters Hilfe den Opti aufriggt. Sieht er nicht süß aus, der Kleine? Putzig nicht, wie er versucht, auf diesem Holzkistchen sich seinen Weg durch die Boxengassen zu bahnen. Ach, wie war das schön damals, als ich unter Vaters gestrenger Aufsicht in so einem Ding meine ersten Fahrstunden nahm. (Ja, sicher, aber damals lagen auch keine acht-, neunhundert Boote dicht an dicht in solch einer völlig überfüllten Marinas wie dieser hier, denkt Elfriede.) Schau mal, Mutter, jetzt kommt eine Bö. He! Kleiner! Du mußt die Segel auffieren und die Pinne zu dir heranziehen! Nein, Junge! Nicht soviel. Bißchen weniger. Ja, genau so. Du lernst wohl noch, was? Haha! Ja, ist noch kein Meister vom Himmel gefallen! Jetzt fahr mal 'ne Halse! Ducken! Ducken! Rund achtern! Ja, so ist's schön. Und noch mal! Anluven! Anluven! Weiter! Weiter! Na, siehst du! Es geht doch! Was ziehst du denn für ein Gesicht? Segeln macht Spaß, Kleiner! He, du! Paß auf! Nicht so dicht! Abfallen! Abfallen! Mensch, fall ab! Neiiiin! Meine schöne Bordwand! Du verdammter Lauser! Hast du das gesehen, Elfriede? Den ausgestreckten Mittelfinger?

Ja, ja, es bleibt schwierig!
Noch schlimmer sind Geschwister. Die Härte sind etwa gleich-altrige Jungs und Mädels. Normalerweise zoffen sie sich wie die Bürstenbinder, aber wenn einer dazwischengehen will, der wird was erleben. Dann sind sie sich genauso einig, wie wenn sie des Abends zum Schabernack aufbrechen, während die in der Kneipe dahinsüffelnden Oldies (die ihnen so was von auf den Keks gehen) ihren Nachwuchs längst in der Koje beim Matratzenhorchdienst wähnen. An Klotüren fehlen plötzlich die Klinken, was nächtliche Besucher zu regelrechten Sidesteps ins Gebüsch veranlaßt. Und zwar mit zusammengekniffenen Knien und verzerrtem Gesichtsaus-druck. Die Wasserschläuche an den Hähnen auf den Stegen sind neuerdings nur noch sehr nachlässig montiert. Beim Andrehen zum Bootschrubben oder Wassertankauffüllen genießt man eine Volldu-sche, und das alles ohne Duschmünze. Am nächsten Morgen wun-dert man sich beim Auslaufen, daß die Stegnachbarn vor sich hin-priemeln. Um nicht zu sagen, sie prusten vor Vergnügen. Nachmittags, nachdem auf mehreren entgegenkommenden Jollen die Vorschoter lauthals lachend aus dem Trapez gekippt sind, erforscht man den Grund. Auf der Backbordwand des Kreuzers steht mit ungelenken kindlichen, aber riesigen Buchstaben vom Bug bis zum Heck „Oh, Himmel, bin ich blöd!". Natürlich mit Filzstift. Wasserfest.

Schäkel sind urplötzlich wegen des Einsatzes von Sekundenkleber nicht mehr lösbar. Gefangene Krabben, durch das unvorsichtiger-weise offen gelassene Skylight ins Vorschiff katapultiert, verursa-chen dort spät in der Nacht kreischende Damenstimmen und nicht selten einen hektischen Aufbruch der Inhaberin (nach Hause, ver-steht sich). In die Warpleinen sind urplötzlich schwere Gegenstände eingebunden, was den Fänger zu verblüffenden Ausrufen während des Fangens veranlaßt. Ebenfalls unvorsichtigerweise an Bord be-lassene Bordhunde finden sich bei pottendichtem Nebel urplötz-lich im Genuasack wieder, in dem sie herumstrampelnd die Herz-schrittmacher weniger gemütsfester Naturen zu Rekordleistungen antreiben.

112

Aber was das schlimmste ist: die beiden sind seefest wie Kap Hoorniers. Während Daddy verzweifelt bemüht ist, angesichts der Schlagloch-strecke über die Seine-Bucht zwischen Cherbourg und Dieppe sein aufkommendes Unwohlsein auf den gestrigen Hummer (der so-wieso schon etwas seltsam roch) abzuschieben, hat Mami den Kampf ihres Magens gegen das stundenlange Schuckel-Schuckel, Schüttel-Schüttel, Bolz-Bolz des Bootes und gegen den unaufhalt-samen Drang des Frühstücks, sich das Tageslicht zu besehen, schon nach einer halben Stunde erfolglos aufgegeben. Während sie im Minutentakt den Eimer füllt, was optisch und akustisch auch die Innereien des Mannes am Roer endlich nach vorne und hinten zu erleichtern hilft, malt sich unser Geschwisterpärchen in der Plicht wortgewaltig und bildreich ein Gemälde mit einer Freßszene von Bruegel (immer gerne gewählt „Das Schlaraffenland") aus, wobei sie mit Begriffen wie „fettige Leberwurst", „geöffnete Kalbs- und Schweineköpfe" und „Hirn in feiner Marinade an Blutwurst in Schweinedärmen serviert" nicht sparen.

Nachdem die Oldies schließlich etwa in Höhe von Le Havre ihr Innerstes vollständig nach außen gekehrt haben, halb ohnmächtig die Köpfe abwechselnd in den Trog stecken und Schiff Schiff sein lassen, können die beiden Kleinen endlich das Kommando über die Schluffe übernehmen und, nachdem die Tide jetzt endlich in die richtige Richtung läuft, die Gurke wie einen Opti über den Teich, den man auch den Englischen Kanal nennt, segeln.

Wenn sie schließlich in Dieppe ankommen und scheinbar einsam und verlassen am Gästesteiger anlegen, stürmen tausend erschreckte Menschen und der Leiter der örtlichen Jugendfürsorge auf sie ein und fragen schreckerfüllt, was denn um Himmels willen unterwegs mit den Eltern passiert sei. Aber die Kleine winkt nur müde ab, lupft einmal kurz den Kopfhörer ihres tragbaren CD-Spielers (der eigendlich dem Daddy gehört) ab und murmelt:

„Ach, die sind wieder okay. Sie liegen schon seit einer Stunde in der Achterpiek, weinen und lassen sich mit Schnaps vollaufen."

Crash-Kurs in Seemannschaft

Haben Sie sich eigentlich schon einmal Gedanken darüber gemacht, was solch ein Unwort wie „Seemannschaft" eigentlich bedeutet? Welcher tiefere Sinn hinter dieser Wortspielerei steckt? Nein? Sehen Sie, ich auch nicht. Also Zeit, einmal das Handbuch derselbigen zur Hand zu nehmen. Meines stammt aus dem Jahre 1973. Es wurde ein Jahr, nachdem ich mich das erste Mal mit einem Piraten aufs Wasser verirrt hatte, veröffentlicht. Ob es da wohl einen Zusammenhang gibt? Keine Ahnung! Jedenfalls bleibt das darin als Anhang abgedruckte „seemännische Wörterbuch" und das ganz zum Schluß folgende Stichwortverzeichnis eine Erklärung schuldig. Mal sehen. Seele, Seemeile, Seenot, Seereling. Seemannschaft? Fehlanzeige! Welch ein Murks, wenn nicht einmal der Buchtitel erläutert wird. Das kommt mir so vor, als wenn ich ein Physikschulbuch über Leichtwasserreaktoren schreiben würde und mich an der Erläuterung des Begriffs Kernfusion vorbeimogeln wollte. Ich sag's ja immer. Kaufen Sie bloß keine Segelbücher (meine natürlich ausgenommen). Was bleibt mir somit anderes übrig, als einen Blick in das Segellexikon von Prof. Dr. h. c. Halse-Baumbruch zu werfen. „Seemannschaft (f). Hergeleitet aus den Worten „Scemann" und „Schaft". „Seemann" ist das Mittelding zwischen einem nautischen Reptil und einer menschlichen Amphibie. Nicht bodenständig genug, um als permanenter Landbewohner zu gelten, allerdings wiederum von Unterhaltungs-Etablissements an Land zu sehr abhängig, um als reines Seelebewesen durchzugehen. Männlich. „Schaft" läßt sich vom Partizip „geschafft" herleiten. „Schaft" kommt somit der Bedeutung „fix und alle" ziemlich nahe. Weibliche Wortkomponente, die für die feminine Deklination des Gesamtbegriffs verantwortlich ist. Der Begriff „Seemannschaft" läßt sich damit wie folgt umreißen: Zustand, der, bedingt durch das ständige Hin und Her zwischen Boot und Kneipe, eine gewisse Erschöpfung des Betroffenen nach sich zieht. Siehe hierzu auch <Hafentag>, <Hafenkneipe>, <Bar du Port> und andere."

Seemannschaft im herkömmlichen Sinne läßt sich mit der Hypothese „halte dich in entscheidenden Momenten raus, dann kriegste auch keinen rein" umschreiben. Was verbirgt sich hinter dieser weisen Einsicht? Im Prinzip die Aufforderung, einen Kontrahenten zu Wasser, auf dem Lande oder in der Luft (zum Beispiel Brückenwärter!) argwöhnisch zu beobachten, mit jeder Blödheit des anderen rechnen und immer noch eine Handbreit Wasser zwischen ihm und dem eigenen Boot halten, um ein Manöver des letzten Augenblicks erfolgreich durchzuführen. Soviel zur grauen Theorie. Wie sieht denn die bunte Praxis aus? Ein paar Beispiele.

Situation:
Motorboot hält die äußerste rechte Fahrwasserseite ein, Segler kreuzt wie ein aufgescheuchtes Kaninchen hin und her, während der Skipper wild mit der Pinne sägt.

Theorie:
Segelboot hält sich frei und rundet das Heck des Motorbootes.

Praxis:
„Nun schau dir diesen Idioten an! Rauuum, du Blödmann! Bist du blind auf den Augen oder was? Siehste nicht, daß ich auf Steuerbordbug bin? Steuerbordbug vor Motorboot! Im Unterricht gepennt, wie?"

Situation:
Motorboot hat entnervt Anker geworfen. Anderer Segler erscheint und kreuzt das nun leere Fahrwasser auf Backbordbug.

Theorie:
Segler auf Steuerbordbug weicht dem auf Backbordbug aus.

Praxis:
„Boh, du! Das haste extra gemacht! Schnell wenden und dann auf Vorfahrt bestehen, he? Nicht mit mir! Vorfahrt erzwingen gilt nicht! Rauuuum! Ja, wirste wohl ausweichen oder was?"

Situation:
Backbordsegler weicht dem Fünfzehnkiloanker am Bugspriet des anderen und damit der Gewalt. Nach einem Fahrwasserschwenk hat man den Wind von achtern. Ein anderer Segler kommt auf gleichem Bug entgegen.

116

Theorie:
Lee vor Luv. Der vor dem Wind Segelnde weicht dem Entgegenkommer aus.

Praxis:
„He, du Nase! Siehst du eigentlich nicht, daß ich den Spi drauf habe? Soll ich deinetwegen etwa eine Patenthalse riskieren? Zieh Leine mit deiner Gurke. Rauuum! Fall ab, verdammt noch mal!

Situation:
In Höhe des nächsten Yachthafens wird ein Regattafeld gestartet.

Theorie:
Ein Segler, der über Backbordbug und nicht unbedingt vor dem Wind segelt, genießt zwar generell Vorfahrt, erlaubt es jedoch dem Pulk, seine Aufstellung vor der Startlinie beizubehalten. Er weicht großräumig aus und dippt seinen Klubstander.

Praxis:
„Beiseite, ihr Idioten! Was treibt ihr denn hier vor diesen Bojen herum? Seht ihr nicht, daß hier Leute segeln wollen? Rauuum! Ja, wollt ihr endlich Platz machen, oder muß ich erst den Spibaum abklappen?"

Situation:
Wind frischt auf. Boot schiebt vierzig Grad Lage.

Theorie:
Reffen der Segel, um den Winddruck zu verringern.

Praxis:
„Wer refft, ist ein Feigling! Alle Mann nach Luv!"

Situation:
Der Zielhafen ist erreicht. Im Hafenbecken kreisen eine Reihe von Segel- und Motorbooten herum, während der Hafenmeister mit dem Megaphon die Liegeplätze zuweist.

Theorie:
Man reiht sich ein und wartet auf einen Liegeplatz, der zugewiesen wird.

Praxis:
„Seht ihr die Box da vorne? Die ist frei! Klar bei Vorleinen! Los, nichts wie hin! Die Kneipe macht gleich auf."

Situation:

Anderntags bläst es aus allen Rohren. Man muß gegen den Wind und mitschiebender Tide aufkreuzen. Die Yacht kracht in jede Welle hinein.

Theorie:

Kurs mehr voll und bei halten oder anderen Zielpunkt suchen.

Praxis:

„Los, ihr Luschen! Nun macht mal fix, oder soll ich nachhelfen? Klar zur Wende! He, wenn du kotzen willst, dann gefälligst mit dem Wind. Das ist ja schrecklich mit dir!"

Situation:

Etwas mehr Backbord querab erkennt man ein Boot, auf dem Schüsse abgegeben, auf dem Raketen und Signalsterne abgeschossen werden und auf dem die Flaggen N und C untereinander gesetzt sind. Zusätzlich steht ein Mann auf dem Vordeck und schwenkt die Arme auf und ab.

Theorie:

Der Kurs wird geändert und Fahrt in Richtung des Havaristen aufgenommen.

Praxis:

„He, ihr da drüben! Falls ihr es nicht wißt, aber Neujahr und Karneval sind längst vorüber!"

Situation:

Von achtern kommt ein Berufsschiff auf und stößt mit dem Typhon fünf kurze Töne aus.

Theorie:

Man erinnert sich an die Ausweichpflicht und ändert den Kurs.

Praxis:

„Schön, so 'ne Tröte, nicht? Ja, ja, so kann man auch mit kleinen Sachen großen Kindern Freude machen. Mann, hoffentlich hört der bald mit seinem Herumgetute auf!"

Situation:

Etwas später liegt an Steuerbord voraus ein Segler auf einer Untiefe. Zwei verängstigte Crewmitglieder winken mit einem Tampen in der Hand.

118

Theorie:
Man dreht ab und fragt, ob man dem Havaristen durch Abschleppen helfen kann.
Praxis: Erhobener Mittelfinger der rechten Hand.
Na, na! Jetzt hören Sie aber auf!
Kenntnisse in angewandter Seemannschaft bzw. der zum Nachweis derselben nach Ansicht eines landläufig bekannten Segeldachverbandes und einiger Segelbootausleiher an Nord- und Ostsee unbedingt erforderliche Segelschein lassen sich auf vier Arten erlangen:
1. Man fängt mit einer Jolle an, wechselt nach Holland, wo es keine Führerscheinpflicht für Ottonormalsegelyachten gibt, und erwirbt dadurch eine Menge schlechter Erfahrung. Das gibt einem zwar mitnichten das Recht auch in Deutschland segeln zu dürfen, aber wer will das schon angesichts eines Paragraphendschungels, durch den selbst die Waschpo kaum durchblickt.
2. Man kauft ein Lehrbuch eines der anerkannten Segelgurus und versucht, sich die Theorie im Selbststudium einzubleuen. In der Prüfung zum Segelschein werden dann die Fragen so verklausuliert gestellt, daß man nix versteht, dadurch sowieso durchfällt und hinterher Tennis spielen geht.
3. Man kauft ein Lehrbuch eines der anerkannten Segelgurus und besucht eine Segelschule. Da der Segellehrer eine ganz andere Auffassung als der Segelguru besitzt und alles anders erklärt, versteht man hinterher den Unterschied zwischen Segelbuchinhalt und Segellehrergeschwafel überhaupt nicht mehr, fällt dadurch bei der Segelscheinprüfung durch und kann dann zum Wohle der Familie letztere auf den Tennisplatz begleiten.
4. Man läßt sich nicht ins Bockshorn jagen, kauft lediglich den Fragen- und Antwortenkatalog zur Segelscheinprüfung, besteht die Prüfung mit Bravour und hat spätestens zwei Wochen später alles wieder vergessen. Leider besitzt man jedoch den Schein, darf sich überall ein Boot ausleihen und kann dadurch Vercharterer und alle anderen segelnden Mitstreiter in den Wahnsinn treiben.
Verstehen Sie jetzt, warum ich ein gesundes Mißtrauen gegenüber Segelscheinen im allgemeinen und Segelausbildung im besonderen

hege? Ich brauche mich nur in meinem Bekanntenkreis einmal um-
zublicken. Unter BR- und BK-Scheinen läuft da gar nichts. Selbst
Leisure-17-Segler mit C-Schein sind mittlerweile keine Seltenheit
mehr. Sprechen Sie einen dieser Experten aber nie auf seemann-
schaftliche Kernfragen an. Es könnte sein, daß Sie etwa folgende
Antworten auf Ihre Nachforschungen erhalten:

Frage: Was ist ein Augspleiß?

Antwort: Das Zurückschnalzen der Kugeln beim Einbinden des
Großsegels mit einem Gummistropp.

Frage: Worin liegt der Unterschied zwischen geschlagenem und
geflochtenem Tauwerk?

Antwort: Geflochtenes ist teurer und wird schneller geklaut.

Frage: Warum sollte im Winterlager die elektrische Ausrüstung
möglichst ausgebaut werden?

Antwort: Siehe oben.

Frage: Wann soll das Unterwasserschiff gereinigt werden?

Antwort: Wenn genügend Freiwillige vorhanden sind.

Frage: Warum muß der Bordkocher stets gründlich gewartet werden?

Antwort: Weil man sich nicht nur von Sandwiches ernähren mag.

Frage: Nennen Sie Teile des laufenden Gutes an Bord.

Antwort: Die Ehefrau, die Kinder, die Jungs vom Kegelklub.

Frage: Wie erkennt man, daß der Anker hält?

Antwort: Wenn man am nächsten Morgen immer noch an derselben Stelle liegt.

Frage: Was ist vor Inbetriebnahme einer Flüssiggasanlage zu prüfen?

Antwort: Ob das Gas in der Flasche für die Spiegeleier noch aus-
reicht.

Frage: Wie läßt sich eine Leckage im Gasleitungssystem gewöhnlich am einfachsten nachweisen?

Antwort: Mit einem Dackel.

Frage: Wie läßt sich eine Leckage im Gasleitungssystem am schnell-
sten nachweisen?

Antwort: Mit einem Streichholz in der Hand der Schwiegermutter.

Der Schwiegermuttertest

Frage: Was gehört zur Ausrüstung einer Segelyacht auf Küstenfahrt?
Antwort: Guide Michelin. Kreditkarten oder Schecks. Kiste zollfreier Getränke für die Zwischenzeit. Ersatzrudergänger.
Frage: Was ist Gewichtsstabilität?
Antwort: Je gewichtiger die Mutti, desto stabiler. Nützlich bei Schwerwettertörns.
Frage: Was versteht man unter dem Druckpunkt?
Antwort: Der Punkt, an dem man nach zweiundzwanzig Bierchen an der Reling dem Druck weichen muß.
Frage: Wie läßt sich beispielsweise der Druckpunkt nach achtern verlegen?
Antwort: Durch Einbau eines Pumpklos.
Frage: Was ist Trimm?
Antwort: Die handgreifliche Antwort auf renitente Rudergänger.
Frage: Was bedeutet scheinbarer Wind?
Antwort: Wenn der Wind scheinbar aus der falschen Richtung bläst.
Frage: Was ist wahrer Wind?
Antwort: Wenn der Wind tatsächlich aus der falschen Richtung bläst.
Frage: Wie bekommt man eine festgefahrene Segelyacht von einer Untiefe frei?
Antwort: Indem man Rudergänger und Navigator abwirft.
Frage: Was macht man, wenn am Wind das Luvwant bricht?
Antwort: Man setzt ein Beschwerdefax an den Hersteller ab.
Frage: Sie werden von einem Sturm überrascht. Was tun Sie?
Antwort: Ich beschwere mich beim zuständigen Seewetteramt über die schlampigen Vorhersagen.
Frage: Was machen Sie, wenn Sie einem angemeldeten Gewittersturm nicht mehr ausweichen können?
Antwort: Den scheinbar defekten Wetterkartenschreiber an den Hersteller zurückschicken.
Frage: Wie stellen Sie Strom in einem Gewässer fest?
Antwort: Unwichtigstes Besatzungsmitglied zum Baden auffordern und Abtreibsgeschwindigkeit messen.

Frage: Welche Sicherheitsmaßnahmen treffen Sie vor dem Auslaufen zu einem Seetörn?

Antwort: Siehe oben (Guide Michelin, Kreditkarten usw.).

Frage: Wie verhält man sich nach einem Zusammenstoß?

Antwort: Sofort den Familienanwalt über Funk konsultieren.

Frage: Welche Anforderungen muß eine Seekarte erfüllen?

Antwort: Sie sollte nicht allzuoft von Unaussprechlichem gereinigt worden sein. Dadurch könnte die Farbgebung und die Handlichkeit leiden.

Letzte Frage: Was bedeutet die schwarze Ziffer „5" auf einem rotumrahmten weißen Schild am Hafeneingang?

Letzte Antwort: Wie freundlich, die Öffnungszeiten der Kneipe gleich beim Einlaufen bekanntzugeben.

Theorie ist grau und fade. Die Praxis erscheint da wesentlich lebendiger. Aus ihr läßt sich der meiste Honig saugen. Wenden wir uns daher einfach einmal einer bestimmten Standardsituation zu, wie sie uns immer wieder begegnet: das Schleusen.

Eine Situation, vor der sich heute immer noch sogar gestandene Fahrensleute grausen, sind die simplen und für den Könner überhaupt nicht komplizierten Schleusenmanöver. Fragen Sie einmal in Ihrem Bekanntenkreis, wie viele Leute gerne in eine Schleuse fahren. Keiner. Ich kann diese Leute, die anscheinend permanent an latenter Klaustrophobie leiden, überhaupt nicht verstehen. Es muß an den haushohen, dunklen, schmierigen, dreckigen Mauern liegen, die dem gestandenen Fahrensmann anscheinend solch höllische Angst einjagen. Und an den Sonntagsseglern.

Schleusen sind bei uns in Holland mehr als genug vorhanden. Es gibt Orte, wo die Leute an Sonntagen oder Feiertagen von weit her anreisen, weil eine Live-Vorstellung tausendmal spannender ist als die blutrünstigste Realityshow im Fernsehen. Glauben Sie nicht? Fahren Sie mal auf Pfingsten nach Stavoren. Für Essen und Trinken ist gesorgt. Die Schleuse besitzt die beste Restauration am ganzen Ijsselmeer. Kein Wunder. Pfingstmontag nachmittags bekommen sie an den Schleusenbeckenabsperrungen kaum noch einen freien Stehplatz. Die Bänke sind meist schon ab morgens besetzt. Das

Schmankerl, das Stavoren für Segler und Motorbootfahrer bereithält, ist die Lage der Schleusenkammer. Bei Starkwind, der gewöhnlich von Westen her kommt, liegt sie völlig ungeschützt. Zudem müssen alle Wassersportler diesen Zugang ins Hinterland benutzen. An den Wartesteigern geht es dann zu wie fünf Minuten vor Eröffnung des Sommerschlußverkaufs.

Nehmen wir also einen ganz normalen Sonntag. So gegen vier Uhr nachmittags. Es bläst mit sechs bis sieben aus Westen, und der Regen kommt waagerecht. Zudem soll gegen zwanzig Uhr ein Fußballänderspiel im Fernsehen angepfiffen werden. Knut Schekel, den wir schon kennengelernt haben, ist diesmal mit seiner Kegelmannschaft unterwegs.

Die Schleuse geht auf, und die ersten setzen sich in Bewegung, ihre Boote vom Wartesteiger zu lösen. Knut Schekel läuft in einem fliegenden Le-Mans-Start von draußen kommend ein, braust an den Wartenden vorbei und läßt in den Herzen der Niederländer die gleiche Begeisterung aufkommen wie eine halbe Stunde nach der Bombardierung von Rotterdam. Er zählt mit seinem Boot mit zu den ersten, die bei Wind von achtern in das Schleusenbecken einlaufen. Knut steckt genüßlich die rechte Hand in die Reißverschlußtasche seiner Segelkombi und läßt dadurch die Erinnerung an einen gewissen, längst verstorbenen französischen Potentaten aufkeimen. Jetzt hätte nur noch der Dreispitz gefehlt. Na, zum Glück hat er die Hand nicht erhoben, so, um allen zu zeigen, wie hoch zur Zeit Heilkräuter wachsen.

„Klar bei Steuerbordvorleine! Klar bei Steuerbordheckleine!" befiehlt er aufgeräumt, während er sich geschickt unter einer fliegenden Winschkurbel duckt.

„Äh, Knut", dröhnt von vorne ein Bierbauch. „Warum haste denn die Strippe hier vorne so verknüddelt?"

Er hebt die Leinenwuling demonstrativ und anklagend in die Höhe. Knut geht mit der Motorendrehzahl vorsichtshalber von dreitausend auf zweitausendfünfhundert Umdrehungen zurück.

„Du mußt den Knoten lösen, Hans", faucht er nach vorne. „Mach hin, Bursche. Da vorne geht's nämlich nicht weiter, du Nachteule!"

„Äh, Knut", meldet sich sein Heckmann. „Soll ich 'nen Palstek machen? Wie ging der noch?"

„Laß den Palstek und wirf die Leine nur über den Poller", raunzt er den Fragenden an. „Paule? Karl? Habt ihr die Fender rausgehangen?"

„Yes, Sir", dröhnt es bierselig zurück. Die erste blaue, aufblasbare Gummiwurst schaukelt achteraus im Heckwasser, wo sich anscheinend ein Rudel Piranhas auf eine Rinderkeule zu stürzen scheint.

„Wat is' nu' mit die Leine, Kurt", verlangt Knut in breitem Gelsenkirchnerisch zu wissen. Kurt und Fiete ringen auf dem Vordeck mit dem Festmacher und bilden eine ausstellungsreife Laokoongruppe.

„Gleich, Käpt'n", ruft Fiete. „Wenn der Kurt endlich die Schlinge von meinem Hals runternimmt, sind wir soweit."

Inzwischen beträgt der Abstand zum Vordermann, der bereits festgemacht hat, nur noch zwei Bootslängen. Knut legt den Fahrhebel um und läßt die siebenundzwanzig Pferde im Galopp rückwärts strampeln.

„Wir sind fest!" ertönt von vorne der Ruf der Erleichterung. Die Yacht, die immer noch mit fünf Knoten Geschwindigkeit nach vorne stürmt, dreht sich wie eine schwindlig gewordene Ballerina um die eigene Achse.

„Seid ihr irre da vorne?" brüllt Knut. „Erst festmachen, wenn ich es sage!"

„Ay, ay, Boß!" tönt es zurück, und die Leine rauscht ins dreckige Schleusenwasser. Durch den Backbordschub liegt das Boot jetzt quer im Schleusenbecken. Das Heck reißt den Buganker der nachfolgenden Yacht aus der Halterung. Rasselnd rauschen dreißig Meter Zehnmillimeterkette samt Grundgeschirr aus. Vier Hände, die eigentlich dazu bestimmt waren, das Boot an Steuerbord von der Schleusenwand abzuhalten, greifen nach Backbord und drücken den Kontrahenten ab, wobei sich dessen Bug in die Mauer bohrt und der Bugkorb mit seufzendem Aufstöhnen der nackten Gewalt weicht. Zum Glück stoppen die ausgerauschten dreißig Meter Kette nebst Achtzehnkilo-Pflugscharanker dessen Fahrt, wodurch es sich ebenfalls um die eigene Achse dreht und hinter Knut Schekel quer zum Stehen kommt. Erste stehende Ovationen ertönen von den oberen Rängen.

„He, du Volltrottel!" schimpft Knut. „Wat machst du denn?"
Zum Glück besteht die Mannschaft des unfreiwilligen Ankerliegers aus drei kräftigen Burschen, die es schaffen, das Boot einigermaßen quer zum Wind zu halten. Gleichzeitig füllt sich die Schleusen-kammer unerbittlich mit denjenigen, die auch noch rechtzeitig zum Anpfiff des Fußballländerspiels zu Hause sein wollen. Es entwickelt sich noch kurz ein heftiger Disput mit Winschkurbeln und Boots-haken, der jedoch von Knuts zahlenmäßig überlegener Crew rasch beigelegt werden kann. Knut befiehlt seinem Maschinentelegrafen volle Kraft zurück, um an dem bereits Festliegenden festzumachen. Leider liegt er jetzt aber mit seinem Heck voran, was Knut gar nicht gefällt. Er gibt eine Leine über und dampft mit Vollgas vor-aus in die Spring ein, um wieder zu drehen. Dabei bohrt sich sein Bugkorb zwischen Reling und Backbordwinsch des anderen und reißt die Drähte aus den Heckkorbterminals.

„Schlechtes Material, dieses Material!" schimpft Knut. Er legt den Fahrhebel wieder um und gibt wieder Rückwärtsschub. Dabei trifft er den vorherigen Kontrahenten voll in die Seite, wodurch der Mann, der gerade mit dem Ankeraufholen beschäftigt war, die Gelegenheit erhält, die Wassertemperatur im Schleusenbecken zu testen, und dessen Skipper vor Ohnmacht in den Niedergang stürzt. Schekels Boot dreht auch tatsächlich immer weiter und liegt an-schließend zwischen den Booten der hinteren Reihe.

„Na, also", ruft Knut. „Es geht doch."
Gleiche Situation zwei Wochen später. Es ist der Sonntag nach Fronleichnam, und Schekel nebst Frau wollen so schnell wie mög-lich aus ihren nassen Sachen heraus und den Weg nach Hause antreten. Diesmal hat das Wachpersonal die Füllprozedur der Schleuse besser getimed und vereitelt Schekels Absicht erneut, per Durchstarten aus der hinteren Reihe noch eine Landebahn in der Schleuse zu erwischen. Obwohl die Kammer noch gar nicht ganz

voll ist, werden die Tore geschlossen. Hämisches Lachen ertönt aus der Schleuse. Schekel wird auf die Plätze verwiesen und wartet mit hochdrehender Maschine auf die kommende Öffnung. Heute zahlenmäßig unterlegen, weicht er der nackten Gewalt und den mordlüsternen Augen seiner Nachbarn und reiht sich als letzter in den Pulk der Einlaufenden ein.

„Vatter! Gehste rechts oder links ran?" fragt Frau Schekel.

„Kann ich hellsehen oder was?" raunzt Schekel zurück. „Erst mal seh'n, wo Platz ist."

„Vatter! Da vorne geht's nicht weiter. Da ist'n Kuddelmuddel mit so zwei Motorbooten. Die sind noch nicht fest."

„Die Motorquatzen sind mir egal."

„Langsam, Vatter! Es geht nicht weiter. Nimm Fahrt zurück!"

„Wat is' denn los mit dir, Frau? Laß mich doch mal machen!"

„Vatter! Zurück! Herrgott! Gleich kracht's!"

„Reg mich nich' auf, Mutta! Oh, verdammich! Mutta, halt ab da vorne!"

„Ich hab' es dir gleich gesagt. Dat gibt Bruch, Vatter! Zurück! Zurück!"

<Knirsch, Splitter>

„Wat is' denn da vorne los, Mutta? Konnste nich' mal für fünf Sekunden abhalten oder was?"

„Mensch, Vatter. Wie soll ich denn abhalten, wennste mit Volldampf denen in die Heckkörbe bretterst."

„Drück ab, Alte! Ja, ja, du mich auch! Siehst doch, daß ich hier Brassel hab', oder? Komm, reg dich ab! Der kleine Kratzer! Ja, ja, hab auch 'nen Pickel auf der Stirn!"

„Vatter! Wir treiben ab! Paß' auf!"

<Kräsch, Peng, Zing>

„Mutta, wat is' denn nu' schon wieder? Kannste denn nicht mal fünf Minuten aufpassen? Nu' mach schon! Ich will nach Backbord rüber!"

„Doch nach Backbord? Die Fender und die Strippen hängen alle an Steuerbord!"

„Dann häng' sie um, verdammich noch mal! Ist ja zum Auswachsen!"

„Brüll mich nich' an! Hörste?"

„Wer brüllt denn hier? Du brüllst doch die ganze Zeit herum!"

„Ich brülle? Ich? Dat ich nich' lache! Du brüllst doch die ganze Zeit herum! Dat mach' ich nich' mehr länger mit, hörste? Nächste Woche kannste alleine segeln!"

„Nu' häng' schon die Fender um!"

<Gewurstel, Geschimpfe>

„Oh, sieh mal! Nu' hat der vor uns doch noch an Steuerbord 'ne Lücke frei gemacht. Da geh' ich jetzt dran!"

„Vatter! Ich hab' die Fender schon umgehangen! Die Leinen sind auch schon an Backbord!"

„Dann häng' sie halt wieder zurück, Frau. Ich kann mir keinen Platz nach deinen Launen aussuchen!"

„Weißt du, wat du mich mal kannst? Du kannst mich mal ..."

<Knirsch, Klapper, Reib>

„Na, Leute! Wrackt ihr heute wieder mal ab? Was haltet ihr denn davon, endlich mal ordentlich festzumachen und die Fender richtig hinzuhängen?"

„Sag' mal, wie kommst du mir denn vor? Seit wann duzen wir uns? Haben wir etwa schon mal zusammen einen Schweinestall ausgemistet? Hast du keinen Friseur, bei dem du quatschen kannst? Daß es immer so Klugschwätzer geben muß, die sich in alles einmischen müssen. Stimmt's Mutta?"

„Hast recht, Vatter! Mann, Junge, mach 'n Mund zu! Es zieht!" Noch Fragen?

Nautisches Wörterbuch

Abbringen
Jemanden von der Idee zu segeln abbringen. Honorige Tat, die der andere einem bis an sein Lebensende danken wird.

Abfallen
Zustand, der auf alle die Gegenstände zutrifft, die von der Werft serienmäßig an Bord angebracht worden sind.

Ablegen
Aufforderung an die mitsegelnde weibliche Landratte, es sich ohne Bikini auf dem Vordeck bequem zu machen.

Abreiten
Eine Sturmperiode in der nächstgelegenen Hafenkneipe sicher überstehen.

Abschlagen
Einem impertinenten Arbeitskollegen oder Verwandten schon Wochen vor dem verlängerten Wochenende (Himmelfahrt, Pfingsten, Frohnleichnam) die Hoffnung auf einen Seetörn nehmen.

Absegeln
1. Den Mast absegeln (nach einer Patenthalse unter Spi mit 6 Beaufort und Wellengang 5).
2. Verzweifelter Versuch des Klubvorsitzenden, den Segelverein auch noch am ersten Septemberwochenende bei der Stange zu halten.

Absetzen
1. Kurs zur nächsten Kneipe bestimmen.
2. Impertinenten Bordgast bei laufender Maschine auffordern, auf der nächstliegenden Sandbank nach einem geeigneten Platz für das Picknick zu suchen.

Abtakeln
1. Allabendliches Abschminken der schon reichlich betagten Bordfrau.
2. Rasches und gleichzeitiges Lösen sämtlicher Spannschrauben von Stagen und Wanten bei gesetzten Segeln.

130

Abdrift
Permanentes Abrutschen des Bordpersonals in der Hafenkneipe gewöhnlich gegen elf Uhr abends, während draußen seit drei Tagen ein Kuhsturm bläst. Siehe auch <Abwettern>.

Abwettern
1. Vorwürfe des Ehegespons überstehen.
2. Zustand anläßlich eines Törns entlang der Nordseeküste, der zwangsläufig zur allabendlichen <Abdrift> führt.

Achterholer
Bordpersonal, das in den Supermarkt geschickt wird, um Achterpacks Bier zu bunkern. (Für Nichteingeweihte: Achterpacks sind zwei übereinandergestapelte Viererpacks Bier. Sie lassen sich in Plastikeinkaufstaschen besser als handelsübliche Sechserpacks vor den Augen der Ehefrau und anderer, die es nichts angeht, verstauen und verbergen.)

Achterleine
1. Befestigungsmittel (gewöhnlich einen halben Meter zu kurz.
2. Leine, mit der die Achterpacks Bier zwecks Kühlung im Wasser versenkt werden.

Achterschiff
Platz, an dem gewöhnlich die Achterpacks vernichtet werden, die der <Achterholer> gebunkert hat und die mit Hilfe der <Achterleine> gekühlt worden waren.

Ahoi!
Freundlicher Gruß der Landratten. Gewöhnlich vom Kai aus, während sich das gegrüßte Boot beim Längsseitsgehen an einem Fischkutter mit dem Rigg in der Fangtakelage verfängt. Wird gewöhnlich mit Winschkurbel oder Bootshaken beantwortet.

Andirken
Dirk, den alten Saufbold und Blindgänger, am Mast festbinden, damit er beim Anlegen nicht im Weg herumsteht.

Anker
Gegenstand aus Eisen,
1. mit dem immer wieder vergeblich versucht wird, eine Yacht außerhalb von Häfen an ein und demselben Fleck zu halten,

2. der gewöhnlich infolge des Gebrauchs auf dem Vordeck zur Einkommensverbesserung ortsansässiger Fußchirurgen führt,

3. mit dem sich, am Bugbeschlag gehalten, das Wegerecht durchsetzen läßt (heute gebräuchlichste Nutzung).

Ankergeschirr

Töpfe, Pfannen, Teller und Besteck, die beim Abwasch vor Anker liegend zu selbigem herabgeworfen werden.

Ankern

Ein Boot draußen auf See solange vor <Anker> zu legen, bis es sich irgendwann selbständig den Weg zum sicheren Ufer gesucht hat. Dieser sog. „automatische Landfall" tritt mit verblüffender Regelmäßigkeit gewöhnlich dann ein, wenn die Crew gerade beim Hors d'oeuvre im Restaurant sitzt.

Ankerplatz

Ort, der es dem <Anker> ermöglicht,

1. nach Verlassen des Bootes oder
2. nach Auffrischen des Windes um ein Beaufort

seine Position nachhaltig zu verändern.

Anlegen

Tätigkeit, die kurz vor dem Besuch der Hafenkneipe auch ungeachtet einer gewissen Ungeduld noch unbedingt vorgenommen werden sollte, da das erste Bier sonst mit einem gehörigen Schnupfen verbunden sein könnte.

Auffieren

Aufholen einzelner Viererpacks Bier aus dem Wasser mit Hilfe einer Plastiktüte.

Aufklaren

Öffnen klarer Spirituosen wie Genever, Aquavit, Korn usw.

Aufpicken

Aufnehmen der nach einer Wende vom Kajüttisch heruntergefallenen Käsewürfel.

Aufriggen

Tätigkeit, die, nach erfolgreich durchgeführtem <Abtakeln>, mit erheblichen Vorlaufkosten verbunden ist.

Aufschießen
Abfeuern der Seenotsignalpistole, Winchester o.ä. auf einen Kontra-henten, um gewissem Unmut noch mehr Nachdruck zu verlei-hen.

Auftuchen
Auflegen einer Tischdecke auf den Salontisch. Nicht zu empfeh-len, sofern Kinder und Landratten an Bord sind und Limonaden-gläser bzw. fettige Gerichte darauf abgestellt werden sollen oder bei mehr als einem Beaufort Wind.

Auf und nieder
1. Titel gewisser Softpornofilme.
2. Schwanken des Bootes, sofern sich Hochzeitsreisende an Bord befinden.

Ausfahren
Zustand, der auf die Haut des Skippers zutrifft, sobald er die Kar-tentricks seines Navigators bei der Ansteuerung von Dover im Nebel entdeckt.

Ausgleicher
Crewmitglieder, die sich an Bord eigenverantwortlich für die Niveauregulierung verschiedener Alkoholika in Flaschen einge-teilt haben. Vom sog. „Ausklarieren" spricht man in diesem Zu-sammenhang übrigens dann, wenn es sich hierbei um das Leeren klarer Alkoholika wie Genever, Aquavit, Korn usw. handelt.

Ausreffen
Tätigkeit an Bord, die bewirkt, daß drei Minuten später die näch-ste <Bö> ins Rigg kracht.

Ausscheren
Das Klarieren vertüddelter Leinen des laufenden Guts mit einer Schere.

Aussingen
Beruhigen des Nachwuchses vor dem Einschlafen. Bei Boxern „Auszählen" genannt. Der Erfolg ist der gleiche.

Außenbords
Optimale Lage der Schwiegermutter.

Backbord
Brettchen, auf dem die Bordfrau den Teig für die morgendlichen Croissants ausrollt.

Backskiste
Beruhigungszelle für nicht zur Ruhe kommen wollender Schreihälse (Kinder, Ehefrau, Schwiegermütter usw.).

Bake
Fest verankerter Gegenstand im Wasser, an dem nach der Überquerung von siebenunddreißig Verkehrstrennungsgebieten kurzfristig angelegt wird, um
1. die Nerven zu beruhigen,
2. festzustellen, wo man überhaupt ist.

Ballast
Flüssiges Beigewicht an Bord einer Yacht auf Männertörn. Nimmt zum Törnende hin gewaltig ab, wodurch das Boot die nächstfolgende Hafenkneipe immer schneller zu erreichen vermag.

Barkasse
Geld im Portemonnaie, um für die Hafenkneipen flüssig zu sein.

Barre
Örtlichkeit in Hafennähe, die es einem ermöglicht, vor dem Einlaufen noch eine sechsstündige Ruhepause einzulegen.

Baum
Gegenstand, mit dem an Bord einer Jolle dem Vorschoter der Scheitel neu gezogen wird.

Beidrehen
Kurzfristiges Anhalten der Yacht in Höhe einer <Barre>, um dem Navigator die Leviten zu lesen, weil er schon wieder Hochwasser und Niedrigwasser verwechselt hat.

Bekneifen
Reaktion des männlichen Bordpersonals auf den appetitlich hingestreckten Achtersteven einer weiblichen Bedienung beim Servieren in der Kneipe. Siehe auch unter <Beschlag>.

Belegnagel
Nagel, mit dem der Skipper anläßlich einer Meuterei auf seinem Schiff niedergelegt wird.

Bergen
Auch „Bergsteigen" genannt. Neues Hobby des Skippers, nachdem
sich seine Frau bei der Planung des Sommerurlaubes ostentativ
hatte durchsetzen können.

Beschickung
Aufforderung an die Crew, im Hafen Bier und Boulevardblatt zu
besorgen.

Beschlag
Reaktion der weiblichen Bedienung beim Servieren in der Kneipe
auf das <Bekneifen> eines Mitgliedes der Männercrew.

Besteck
1. Schiffsort, der überraschenderweise nie mit der tatsächlichen
geographischen Länge und Breite übereinstimmt.
2. Messer und Gabel.

Betonnung
Scheinbar im Auftrage ortsansässiger Reparaturwerften von den
Schiffahrtsbehörden in Landnähe ausgelegte schwimmende Gegenstände. Ausweichen bei Nacht wird erschwert, weil die vom Navigator ermittelte Position der Betonnung nie mit der in der Seekarte
verzeichneten übereinstimmt.

Bö
Windentwicklung, die auf das <Ausreffen> folgt.

Bootsmannsstuhl
Bequemer Sitz für die Schwiegermutter, um von sechs Beaufort an
aufwärts vom Topp des Fünfzehnmetermastes aus die Umgebung
besser genießen zu können.

Bord
1. Schneidebrettchen.
2. Gegenteil von Hafenwasser.

Brechen
1. Reaktion der Vorschot mit Genua Nr. 1 kurz nach dem Einfall
einer <Bö>.
2. Folge einer Unpäßlichkeit meist weiblicher Mitsegler, jedoch gewöhnlich schon lange bevor eine Bö in die Genua Nr. 1 einfällt.
Beides gilt als Zeichen dafür, daß man etwas unternehmen muß.

Brückendeck
Benennung des Bootsaufbaus, nachdem der Außenborder beim hastigen Durchqueren einer sich bereits schließenden Brücke ausfällt.

Bundesamt für Seeschiffahrt und Hydrographie
Beamtenorganisation, die alljährlich bestimmt, wann im Hamburger Hafen, in Ekaterinskaja oder sonstwo Hochwasser herrscht.

Chartertörn
Urlaubstörn unbelehrbarer Sonntagssegler unter Verwendung schlecht gewarteter und noch mieser ausgerüsteter Boote zu einem sündhaft hohen Preis. Eher zur praktischen Auffrischung etwaiger Do-it-yourself-Kenntnisse geeignet. Die Arbeiten, die während eines Chartertörns nicht erledigt werden konnten, nehmen schließlich die Verleiher freundlicherweise auf Kosten der Ausleiher vor. Derartige Segelreisen erinnern die Crew hinterher stark an Fernsehserien wie „Verstehen Sie Spaß?" oder „Bitte lächeln!".

Cockpit
1. Arbeitszentrum für eine Düsenjägercrew.
2. Entspannungszentrum für eine Jägermeistercrew.

Deck
1. Gegenteil von Hafenwasser.
2. Gegenteil von Kloraum.

Dicht
Schlimmste Situation für die Crew im Hafen. Tritt gewöhnlich gegen zwei Uhr in der Frühe ein, wenn die Bierreklamelichter am Kai ausgehen.

Dippen
Eintunken der angerichteten Kanapees in eigens hierfür vorbereitete Soßen.

Dollbord
Bootsseite, auf der sich bei sechs Beaufort von vorne und mitschiebender Tide diejenigen Crewmitglieder versammeln, die noch mal einen Blick auf das Frühstück werfen wollen.

Dümpeln
1. Hauptsächliche Bewegungsform eines Schiffes auf dem Mittelmeer.
2. Gegenteil von „flach auf dem Wasser".

136

Dünung
1. Spaziergang der Crew durch die Dünen zum Zwecke der Ausnüchterung.
2. Zustand der See, die ähnliche körperliche Reaktionen hervorruft wie übermäßiger Alkohol- und Nikotingenuß bei Minderjährigen.

Durchsetzen
Meist vergeblich vorgenommener Versuch des Skippers, Frau und Schwiegermutter vom ostentativ geforderten Urlaub im Gebirge abzubringen.

Ebbe
Zustand in der Geldbörse des Skippers bei Törnende.

Einfallen
Reaktion der Segler zum Zeitpunkt der Kneipenöffnung, sofern vor den Hafenmolen bereits seit drei Tagen die Welt untergeht.

Eintörnen
Eigentlich „Antörnen". Das sich und die Crew anläßlich des bevorstehenden Törns in Hochstimmung Versetzen. Eng mit Begriffen wie <Abdrift> und <Abwettern> verbunden.

Ende
1. Leine, aber nur vom Anfang bis etwa ein Meter vor dem anderen Zipfel. Der letzte Rest heißt nämlich nicht Ende, sondern Tampen. Immer noch in den Lehrbüchern bestimmter Wassersportdachverbände zu lesen. (Im Vertrauen: Kein Mensch in der westlich zivilisierten Welt sagt heute noch Tampen, wenn er das Ende einer Leine meint.)
2. ... der Fahnenstange. Punkt, an dem der Skipper mit dem unfähigen Navigator endgültig die Geduld verliert.

Fallreep
1. Bezeichnung der Bootstreppe, sobald sie aus einiger Höhe auf den Kai herunterfällt, wenn sich die Leine (das sog. „Reep") unbemerkt löst.
2. Eine Art Zugbrücke, mit der man sich vor ungebetenen Gästen im Hafen schützen kann. Wichtig für den Schwiegermutterbesuch. Siehe auch <Gangway>.

Fender

Elastische Gummipuffer, die ständig auf Bootsausstellungen nachgekauft werden müssen, weil sie

1. permanent über Bord gehen und
2. ständig Luft verlieren, aber nicht aufgeblasen werden können, weil nur der Hersteller die entsprechenden Adapter für die Luftpumpen besitzt.

Fest!

Rückmeldung auf ein Kommando nach dem Anlegen im Hafen, das von der Crew stets mit Erleichterung aufgenommen wird, weil sich der Rundgang durch die Hafenkneipen anschließt.

Festmacheboje

Gegenstand, an dem man festmacht, bis einen der Hafenmeister nach der ersten Bestellung in der Hafenbar zurück an Bord pfeift.

Festmacheleine

Vorwiegend auf Bootsausstellungen von Bootsausrüstern angebotenes, äußerst geschmeidiges und sündhaft teures Tauwerksmaterial, das sich jedoch bereits nach einem zweiwöchigen Aufenthalt in salzhaltigem Milieu bei nur geringer Sonneneinstrahlung allenfalls noch für einen indischen Seiltrick eignet.

Feuer

Sichtbarwerdung überspritzenden Fetts in einer Pfanne auf, neben und unter dem brennenden Gasherd.

Fieren

Anbordbringen etlicher Viererpacks Bier (sofern sie nicht verpackungsgünstig als Achterpacks zusammengestellt sein müssen).

Flaggengala

1. Trocknen der über den Winter schimmelig gewordenen feuchten Gastlandswimpel und Topflappen am Vorstag.
2. Einnehmen der Nationalen bei Sonnenuntergang, verbunden mit dem Austeilen mehrerer Viererpacks, was der Zeremonie noch mehr Feierlichkeit verleiht.
3. Das nicht weniger festliche Setzen der Flaggen „N" und „C" senkrecht untereinander.

Flaggleine
Dünne Strippe zwischen Fußreling und Saling zum Setzen des Radarreflektors oder Motorkegels.

Flaute
1. Normalzustand auf dem Mittelmeer.
2. Normalzustand im Eheleben des Skippers mit einer nicht segelbegeisterungsfähigen Gattin.

Flossenkiel
Gegenstand an Bord, mit dem vornehmlich in Gezeitengewässern die Zuverlässigkeit des Navigators getestet werden kann.

Flott
Bewegungsrhythmus der Crew in Sichtweite beleuchteter Schilder mit der Aufschrift „Heineken", „Stella Artois" oder „Budweiser".

Freibord
Anzeigeinstrument für den Skipper oder den Smut, wann nachgebunkert werden muß.

Freihafen
Der Traum jeder Anonyme-Alkoholiker-Crew.

Frühstart
Versehentlich überhasteter Beginn eines Törns, bei dem schon hinter den Hafenmolen wieder umgedreht werden muß, weil man entweder
1. wichtige Crewmitglieder und/oder
2. wichtige Proviantgegenstände (meist in Flaschenform)
an Land vergessen hat.

Gangway
Siehe auch <Fallreep>. Letzte Möglichkeit, die Schwiegermutter noch im Hafen loszuwerden.

Glasen
Veränderung des Blicks des Rudergängers nach dem Genuß mehrerer Gläser Hochprozentigem. Bei acht Glasen droht der kompletten Crew der Blackout. Siehe auch <Stundenglas>.

GMT
Zeitbestimmung, die bei uns in den zivilisierten Gegenden Kontinentaleuropas kein Mensch braucht. Es sei denn, man segelt versehentlich nach England.

Gräting

Gitter aus Holz, das dazu erfunden wurde, die Patientenkarteien ortsansässiger Fußchirurgen und die Auftragsbücher der gipserzeugenden Industrie zu füllen.

Hafen

Rettung für die vom Verdursten bedrohte Crew.

Hafenmeister

Mann, der die Rettung für die Crew stark relativiert.

Halse

Erfolgversprechende Methode, die Yacht noch vor Erreichen des Heimathafens abzutakeln. Kommando: „Helm ab zum Gebet!"

Handauflegeverfahren

Allseits übliche Methode, den Navigator angesichts der siebzig Grad Schräglage auf der Sandbank zu seiner einmaligen Meisterleistung zu beglückwünschen. Das Handauflegeverfahren wird stets mit einem gewissen Nachdruck vollzogen.

Havarie

Normale Situation, die mindestens einmal

1. während eines Törns mit der Herrencrew,

2. während eines Törns mit der Familiencrew und

3. überhaupt während eines Törns außerhalb des Hafenbeckens entsteht. Kein Grund zur Besorgnis!

Hochdruck

Gegensatz zu Tiefdruck. Kommt in unseren Breiten allenfalls am ersten Wochenende im Juli, also kurz vor Beginn der Winterzeit, vor.

Hochtakelung

Rigg für ein größeres Segelboot. Diese Takelungsform wird so lange beibehalten, bis die nächste Brücke auftaucht und dem Boot ein sogenanntes <Opti-Rigg> verleiht.

Hochwasser

1. Zustand der Gezeit, der immer erst sechs Stunden nach Erreichen der Barre eintritt.

2. Zustand einer traditionellen rotbraunen Cowes-Hose, die versehentlich in die Kochwäsche geriet.

Holepunkt
Zeitpunkt, an dem wieder Vierer- oder Achterpacks nachgebunkert (geholt) werden müssen.

Hundekoje
Aufbewahrungsort für den Navigator während eines Nachttörns, sofern er sich dort zusammen mit dem elfjährigen Dobermann verträgt.

Jollenkreuzer
Hochseetaugliches Fahrtenschiff für Einhandtörns der Schwiegermutter.

Kappen
Methode, dem Navigator durch leichte Schläge auf die Yachtkappe zu höherem Denkvermögen zu verhelfen.

Kartenplotter
Munterer Zeitvertreib für den Navigator während eines Törns vornehmlich zur Nachtzeit, bei dem es darum geht, das eigene Schiff (erkennbar an einem blinkenden Kreuzchen) über eine elektronische Seekarte zu steuern. Kommt einem Videospiel in einer Spielhölle sehr nahe. Erscheint am oberen Bildschirmrand der Hinweis „Tilt! Game over!", wird es Zeit, sich Gedanken über eine neue Mitfahrgelegenheit zu machen.

Katamaran
Aus dem südostasiatischen Raum stammender Zweirumpfer mit Chamäleon-Eigenschaften. So schafft es ein Katamaran, sich nach dem verpatzten Ausweichmanöver einer Achttonnenstahlsegelyacht innerhalb kürzester Zeit völlig gefahrlos in zwei etwa gleich große Kajaks zu verwandeln. Vergleiche auch <Trimaran>.

Kennung
Erfahrungsschatz des Skippers, die Hafenkneipen betreffend.

Kentern
1. Reaktion einer Jolle nach einer Halse.
2. Wechsel der Gezeit. Der Wechsel von mitlaufender in entgegenlaufende Tide tritt gewöhnlich sechs Stunden vor Erreichen des Zielhafens auf.

Killen
Einfachste Methode, das Schiff anläßlich eines Familientörns für sich anschließende Einhandtörns vorzubereiten.

Klau
1. Gabel, mit der die Gaffel am Mast hängt.
2. Zustand in einer Mittelmeermarina um zwei Uhr in der Nacht.

Klo
Vulgärsprache. Eigentlich: Bordtoilette. Einzige in der zivilen Schiff-fahrt zugelassene Torpedoabschußvorrichtung. Bei Verwendung eines von Umweltschützern immer häufiger geforderten Schall-dämpfers (Schmutzwassertank) besteht latente Erstickungsgefahr.

Kneifen
1. Siehe auch <bekneifen>.
2. Gängige Methode, Navigator und Steuermann auf Nachttörns wach zu halten.

Knickspant
Veränderung der Bootsform nach Begegnung mit einem schwim-menden Frachtcontainer.

Knoten
Ergebnis der Verbindung zweier Strippen ohne Haltbarkeitsgaran-tie. Ein Knoten, der ein festes Auge ergeben soll und sich hinterher nur noch mit dem Messer lösen läßt, nennt man Stek. Man unter-scheidet „gut durch" oder „englisch", sofern das Messer abrutscht.

Kompaß
Unzuverlässiges, aber zugleich wichtigstes Hilfsmittel in der ange-wandten Navigation, weil sich auf ihn die geringe Kursabweichung zwischen Genua und Alexandria abwälzen läßt. Siehe hierzu auch <Kompensieren>.

Kompensieren
Beschwichtigen der Crew mit Cognac und der Aussicht auf fesche Mädels im Hafen, sofern es sich bei dem am Horizont auftauchen-den Zielhafen nicht um Genua, sondern um Alexandria handelt.

Krängung
Methode, um festzustellen, ob der Backofen vernünftig montiert und alles an Bord ordentlich verstaut ist.

Kreuzen

Anbringen des Navigators mit ausgestreckten Armen an den Salingen nach erfolgloser Passage der Barre bei ablaufendem Wasser. Siehe auch <Kreuzschlag>, <Mastspur>, <Saling>.

Kreuzschlag

Handbewegung des Skippers über dem Rücken des Navigators nach erfolgloser Passage der Barre bei ablaufendem Wasser. Je nach Unfähigkeitsgrad schließt sich das <Kreuzen> an.

Kurs

Linie einer Yacht über Grund vom momentanen Standort zur zwanzig Seemeilen vom Zielhafen entfernten Sandbank.

Leck

1. Beginn des berühmten Götz-Zitates, den die geweckte Freiwache beim Wachwechsel ausstößt.

2. Auslöser erfrischender Kurzweil an Bord einer Yacht zwischen Panama und den Gesellschaftsinseln. Siehe auch <Lose>.

Legerwall

Endpunkt eines Segeltörns in Küstennähe.

Lenz

Eigentlich „frei von Wasser". Bilge kann also mit Vierer- und Achterpacks nachbestückt werden. Daher stammt auch der entzückte Ausruf: Hurra, der Lenz ist da!

Lenzen

Vorgang, der einer erforderlich werdenden Nachbestückung mit Vierer- und Achterpacks voranging.

Lose

1. Zustand der Wanten und Stage zehn Minuten nach Beginn der Regatta.

2. Hilfsmittel, mit denen die Reihenfolge der Achtmann-Crew beim Aufsuchen der 4-Personen-Rettungsinsel nach Entdecken eines <Lecks> auf einem Törn zwischen Panama und den Gesellschaftsinseln festgelegt wird.

Luv

1. Unter Deck: Schiffsseite, auf der sich Schubladen und Schapps öffnen.

2. Über Deck: Schiffsseite, auf der Seekranke und Blasenschwache nichts zu suchen haben.

Marina

Aus dem Amerikanischen stammende Bezeichnung für konzessioniertes Abzocken von Bootseignern.

Mastspur

Riefen, die vom Anbringen des Navigators an den Salingen herrühren. Siehe auch ‹Kreuzen›.

Medizinschrank

Ort, an dem Medikamente wie Hämorrhoidensalbe, Fußpilzpuder, und Notrationen von Whisky, Gin und Genever aufbewahrt werden.

Mittleres Niedrigwasser

Wischi-Waschi-Angabe, mit der sich hydrographische Ämter um eine exakte Berechnung der Tiefenangabe herumdrücken.

Nagelbank

Ort, an dem der Navigator zwecks Überdenken seiner letzten Kursangaben verharren muß.

Navigation

Bestimmung eines Ortes, den man gar nicht erreichen wird. Navigation wird auch im Zeitalter der Elektronik und wild im Weltall herumsausender Satelliten immer noch als eine Mischung aus Falschspiel, Auspendeln und Besprechen von Warzen angesehen.

Niedrigwasser

Zustand der Gezeit bei Erreichen eines Hafens mit einer Barre vor der Hafeneinfahrt.

Ösfaß

Anderer Ausdruck für Gummistiefel, Kochtopf oder Zahnputzbecher.

Opti-Rigg

Takelungsart nach Durchfahren einer geschlossenen Brücke mit stehendem Mast. Siehe auch ‹Hochtakelung›.

Patentreff

1. Alljährliches Treffen süditalienischer Mafiabosse gewöhnlich in Palermo.

2. Vorrichtung, ein Segel so um den Baum zu wickeln, daß der Rest hinterher wie ein Nachthemd steht.

Peilen
Kontrollieren, ob sich der Boden in der Cognacflasche schon ausmachen läßt.

Pinne
1. Entsetzter Ausruf kleiner Mädels, die ein „s" noch nicht aussprechen können angesichts achtbeiniger Bordgenossen.
2. Waagerechter Hebel, mit dem sich angeblich die Fahrtrichtung eines Segelbootes beeinflussen lassen soll.

Poller
1. Endstation aufgefierter Jollenbäume.
2. Endstation des Lackanstrichs von Yachten.

Priel
Seit Jahrzehnten falsch geschriebene Spülmittelmarke. Sehr effektiv und universell anwendbar. Vergleiche Erlebnisberichte wie: „... im Priel von Deck gespült."

Propeller
Umweltschutzeinrichtung an Bord, mit der herumtreibende Plastiktüten und Angelschnüre aufgefischt werden.

Querab
Zielhafen, der wegen der Tidenströmung nicht mehr erreicht werden kann.

Raum!
Heute immer noch gebräuchlichste Form, während einer Regatta oder sonntags nachmittags auf dem total überfüllten Hausrevier für freie Bahn zu sorgen.

Ree!
Urschrei jedes Rudergängers. Löste schon zu Beginn dieses Jahrhunderts den bis dahin gültigen Ruf „Rummm!" ab, weil die Mannschaftsmitglieder anstatt die Segel zu bedienen allzuoft in die Kombüse stürmten, um sich am Ausschank anzustellen.

Regattasegeln
Die teuerste Methode, Single zu werden.

Reling
Geländer zum vorübergehenden Anbinden seekranker Landratten.

Riemen
Gegenstand, der auf keinem Boot fehlen darf und an dem sich die Mannschaft reißen soll.

Rudergänger
Einzige Person an Bord, die vom Kapitän von den alltäglichen Rumrationen, den gemeinschaftlichen Dinners und dem Zwang, schlafen gehen zu müssen, wohlwollend befreit ist.

Rundtörn
Ergebnis einer Spi-Halse bei sechs Windstärken von achtern und Wellengang fünf.

Rüsteisen
Gegenstand, um sich gegen den Versuch Dritter zu rüsten, bei einem längsseits gehen zu wollen.

Rutscher
Landratte, die bei sechs Beaufort nach vorne geschickt wird, um die Genua zu bergen.

Saling
Die bereits mehrfach erwähnte Metallstrebe für den Navigator. Siehe auch <Kreuzen>.

Schäkel
Verschließbarer Metallbügel, der entweder zu dick, zu dünn oder ins Wasser gefallen ist.

Scheren
Ausfädeln vertörnten Tauwerks des laufenden Gutes mit Hilfe einer Schere aus einem Block. Man sagt auch „ausscheren".

Schlag
1. Beim Kreuzen zurückgelegter Weg, der gewöhnlich zum Ausgangsort zurückführt.
2. „halber" Schlag: Knoten.
3. „voller" Schlag: Rudergängeraufweckmethode.

Schiffsort
Man unterscheidet „wahrer" Schiffsort und „ungefährer" Schiffsort. Der sogenannte „wahre" Schiffsort ist heutzutage ungebräuchlich und kommt in der angewandten Navigation kaum noch vor.

Schwerwetteroverall
Schwerwetterbekleidung, in der man
1. bei trockenem Wetter von innen und
2. bei Regenwetter von außen naß wird.

Seeamt
Institution, die sich vor der vernichtenden Urteilsfindung ein halbes Jahr lang Zeit läßt, um einen Vorgang an Bord einer Yacht zu beurteilen, bei dem es für den Skipper um Sekunden ging.

Seekarte
Schutzabdeckung für den Kartentisch bei Unpäßlichkeit des Navigators.

Seele
Landfeiner Ausdruck für das, was die Crew auf einem Kreuzkurs gegen sechs Beaufort von vorne und vier Knoten Strom von achtern auf umgekehrtem Wege durch den Hals von sich gibt.

Seemeile
Eigentlich 1852 m lang. Bei Flaute etwa 10.000 m.

Seezeichen
Siehe auch <Betonnung>. Die Chance, ein unbeleuchtetes Seezeichen bei Nacht nicht zu treffen, liegt bei 1 : 1.000.000.

Segelscheininhaber
Tirolernußbraune, commanderkappen-, seidenhalstuch- und pilotensonnenbrillentragende Klugschwätzer, die auf <Yachtetikette> achten und sich gewöhnlich in Segelklubs zusammenrotten, um sich dort gegenseitig ihre BR-, BK- und C-Scheine vorzublättern. Vergleiche Anmerkung zu <Wegpunkt>. Gegenteil von Personen, bei denen man an fleckigen Pullovern, geflickten Jeans, löcherigen Docksides und Fünftagebart erkennt, daß sie auch tatsächlich segeln.

Slippen
Reaktion eines eben noch kontrollierten Festmacherknotens kurz nach Verlassen des Schiffs.

Smut
Einzige Person an Bord, der es gelingt, den als Kabeljau eingekauften Seefisch je nach Alterungsprozeß, Konsistenz und Form-

gebung als Sole mariniere, Daurade, Loup de mer oder Crevetten-cocktail an die Crew zu verfüttern.

Spring
1. Leine, mit der zwei Boote im Päckchen so dicht aneinander-gepreßt werden können, bis die Fender platzen.
2. Auch in der Befehlsform gebräuchlich. Häufig bei Anlegemanö-vern in zehn Meter Entfernung vom Kai und gewöhnlich mit dem Vorwort „Mutti!" gebraucht.

Stabilität
Fähigkeit der Yacht,
1. Anlegemanöver des Skippers,
2. Raumkämpfe an der Luvtonne oder
3. das Zusatzgewicht der Kapitäneuse
wegzustecken.

Standerschein
Ausweis für die Berechtigung zum Führen einer Yacht mit einem be-stimmten Stander. Er dient dazu, die Kasse der Segelvereine zu fül-len.

Stauwasser
Zustand in den unteren Körperorganen nach zwei Achterpacks Bier und sechs Stunden Sitzen auf der hohen Kante. Siehe auch <Stillwasser>.

Steif
1. Normalzustand des Leinenmaterials.
2. Brise, bei der nicht mehr ausgelaufen, sondern in die Hafenkneipe verholt wird (so ab 3 Bft.).

Sternfahrt
Geselliger Törn von Mitgliedern eines Segelklubs von Hafen A nach Hafen B, der gewöhnlich vor der Barre von Hafen C endet.

Stillwasser
Zustand der unteren Körperorgane nach Beseitigung des <Stau-wassers>.

Stromversetzung
1. Veränderung des Batteriezustandes von „Voll" auf „Leer" während eines Zeitintervalls von einer Stunde trotz ausgeschalteter Verbraucher.

2. Versetzung eines Bootes zurück in Richtung Hafen, sobald sich die Schwiegermutter mit an Bord befindet. Dieses Phänomen tritt auch in tidenfreien Gewässern auf.

Stundenglas
Trinkgefäß für die stündlichen Cognacrationen. Der Seemann berechnet die Stunden in <Glasen>. Ab acht Glasen sollte jedoch der Hafen aus Gründen der Schiffssicherheit erreicht sein.

Tide
Auf den Mond zurückzuführendes unkontrolliertes Fallen und Steigen des Wasserstandes, verbunden mit unkontrollierten Gegenströmungen, die bewirken, daß man die Hafenkneipe gewöhnlich immer erst nach Ende der Öffnungszeit erreicht.

Tonne
1. Schwergewichtige Schwiegermutter.
2. Raummaß zur Berechnung, wie viele Vierer- und Achterpacks ein Boot aufzunehmen vermag.

Toppnant
Crewmitglied, das die einzige Reffkurbel über Bord geschmissen hat und sich vorsichtshalber auf den Masttopp verholt.

Totholz
Ausrüstungsgegenstand, mit dem (auf hier nicht näher beschriebene Weise) Rudergänger, Navigator oder Schwiegermutter nachhaltig zum Schweigen gebracht werden können.

Trapez
1. Affenschaukel für Lebensmüde im Zirkus.
2. Affenschaukel für Lebensmüde auf einer Rennjolle.

Trimaran
Segelboot mit Chamäleoneigenschaften. So schafft es ein Trimaran nach dem verpatzten Ausweichmanöver einer Achttonnenstahlsegelyacht, sich innerhalb kürzester Zeit in einen <Katamaran> und einen Kajak zu verwandeln.

Trimmen
Reaktion auf eingeschlafene Rudergänger und nachlässige Navigatoren.

Trysegel

Kommt vom englischen „try" (versuchen). Das Setzen des Trysegels kommt dem letzten Versuch gleich.

Übertakelt

100-Kilo-Schwiegermutter im Escada-Kostüm.

Unrein

Bilge, in der sich neben den Bierreserven auch noch Milch, Babynahrung und sonstiges Unaussprechliches befindet.

Untiefe

Vergleichbar der „Schloßallee" im Monopolyspiel. Andauernd verwechselt der Navigator die Seekarte mit dem Ereigniskärtchen „Rücke vor bis Schloßallee!".

Verdrängung

Platz, den die Schwiegermutter unter Deck einnimmt.

Vollschiff

Yacht mit Besatzung nach Plünderung selbst des <Medizinschranks>.

Wahrschau!

Stadt in Polen, in die nicht nur Stuttgarter Nobellimousinen ohne Zustimmung der Besitzer überführt, sondern vor der beinahe überall auf der Welt stets lauthals („Wahrschau!") gewarnt wird. Das zusätzliche „h" ist unerheblich.

Waschbord

Teil des Seitendecks zum Reinigen der Seekranken.

Wasserstag

Sägekette auf kuttergetakelten Booten, um sich an der Luvtonne gegen schwimmende Joghurtbecher durchzusetzen.

Wegerecht

Regelung, wer auf dem Wasser wem die Vorbeifahrt gewähren muß. Wegerecht genießen

1. Berufsschiffe,

2. Boote der Polizei, des Militärs, sonstiger Behörden sowie

3. Stahlsegelyachten über sechseinhalb Tonnen Konstruktionsgewicht.

Wegpunkt

Begriff aus der Phantasie und Märchenwelt. Wird zwar immer wieder in der Seekarte vergeblich mit einem Kreuzchen markiert, bleibt aber stets unerreichbar. Jemandem, der behauptet, einen Wegpunkt getroffen zu haben, ist kaum Glauben zu schenken. Vermutlich handelt es sich um einen <Segelscheininhaber>.

Wenden
Manöver des letzten Augenblicks, kurz bevor man versehentlich wegen der Unzurechnungsfähigkeit des Navigators an dem Hafen mit den vielen einschlägigen Leuchtreklamen vorbeigefahren wäre.

Wettervorhersage
Besitzt den Wahrheitsgehalt des Verkehrsfunks für Staumeldungen auf der Autobahn. Das Personal bestimmter Wetterdienste hält auch dann noch an seiner Vorhersage über „ein das Wetter bestimmende Hoch über den Britischen Inseln" eisern fest, wenn es draußen längst mit sieben Beaufort und in Hagelböen aus vollen Rohren bläst. Wetterentwicklungen werden allem Anschein nach in fensterlosen Räumen tief unter der Erdoberfläche prognostiziert.

Wieling
Tonnenschwere Leine, die vor Anlegemanövern von der Bordfrau außenbords gehängt werden muß, weil der Skipper zu geizig oder zu faul war, eine vernünftige Scheuerleiste am Schiffsrumpf anzubringen.

Winschkurbel
Bevorzugtes Züchtigungsinstrument.

Winterlager
Einkaufsparadies für Langfinger.

Wirbelschäkel
Form, die alle Schäkel irgendwann von ganz alleine annehmen. Vorgefertigte Wirbelschäkel für teures Geld im Zubehörladen zu erwerben ist reine Geldverschwendung.

Wuling
Normalzustand aller Schoten und Fallen an Bord.

Yachtetikette
Verbot,
1. nachts die Nationale gesetzt zu lassen,
2. barfuß zu segeln und
3. ohne Jackett und Klubkrawatte im Vereinsgebäude des KYC oder RORC zu erscheinen.

Yachtmakler
Konzessionierte Landpiraten.
Yawl
Ketsch, mit einem Besanmast im Opti-Format.
Zurren
Überflüssige Besatzungsmitglieder (vornehmlich Schwiegermütter) bordgerecht im Mastbereich so anbinden, daß sie nicht stören.
Zuhalten
Reaktion eines vom Verdursten bedrohten Rudergängers angesichts der Ansammlung hinlänglich bekannter Reklameschilder in einem Hafen. Obacht! Dadurch wird der Rudergänger keinesfalls automatisch zum Zuhälter!